Viel Freude
beim lesen

16.4.2011

Pauline u. Hubert

Ludwig Gschwind

Starkbier und Aschenkreuz

Geschichten zur Fastenzeit

Ludwig Gschwind

Starkbier und Aschenkreuz

Geschichten zur Fastenzeit

Sankt Ulrich Verlag

Bibliographische Information der Deutschen Bibliothek

Die Deutsche Bibliothek verzeichnet diese Publikation in der
Deutschen Nationalbibliographie; detaillierte bibliographische
Daten sind im Internet über http://dnb.ddb.de abrufbar.

© 2011 by Sankt Ulrich Verlag GmbH, Augsburg
Alle Rechte vorbehalten
Titelbild: © Gerti G. / photocase.com
Umschlaggestaltung: uv media werbeagentur
Mediengruppe Sankt Ulrich Verlag, Augsburg
Druck und Bindung: CPI books GmbH, Ulm
Printed in Germany
ISBN 978-3-86744-168-1
www.sankt-ulrich-verlag.de

INHALT

DAS BEKENNTNIS DER BUSSPSALMEN

SIEBEN LETZTE WORTE

VOR DEM FASTEN: DIE FASTNACHT

Drei närrische Tage braucht der Mensch

Am Aschermittwoch ist alles vorbei

Am 11. November 1417 wählten die Kardinäle in Konstanz Kardinal Otto Colonna zum neuen Papst. Er nahm den Namen des Tagesheiligen an. Die Wahl des Papstes war nur möglich geworden, weil drei Päpste, die es damals gab, feierlich verzichtet hatten. Papst Martin V. hatte die undankbare Aufgabe, die zerstrittene Christenheit wieder zu einen. Er tat dies mit Tatkraft und großer Klugheit.

Papst Martin V. war ein Römer, und er machte Rom wieder zum Mittelpunkt der Kirche. Die Stadt war freilich während des langen Exils der Päpste in Avignon völlig heruntergekommen. Noch 17 000 Einwohner zählte die einstige Weltmetropole. Kirchen drohten einzustürzen. Kühe grasten auf dem Petersplatz. Räuber überfielen die Pilger und raubten sie aus. In diesen mehr als schwierigen Zeiten hat es Papst Martin V. für angebracht gehalten, in den drei Tagen vor dem Aschermittwoch Karneval zu feiern. Die Römer ließen sich dies nicht zweimal sagen. Sie schlüpften in allerlei Masken. Sie tanzten durch die Straßen. Manches Glas wurde auf den Papst angestoßen, den man dankbar „Papa Carnevale" nannte. Damals kam auch der Name Rosenmontag auf. Wie der Rosensonntag – der 4. Sonntag in der Fastenzeit, auch Sonntag „Laetare" genannt, an dem der Priester ein rosarotes Messgewand trägt und der Papst die „goldene Rose" segnete – das Ende der Fastenzeit ankündigt und von der Vorfreude auf Ostern geprägt ist, so markiert der Rosenmontag die Halbzeit der drei närrischen Tage.

Solange der Kirchenstaat bestand, also bis 1870, wurden die närrischen Tage in Rom ausgelassen gefeiert. Im 17. Jahrhundert wurde sogar eine eigene Steuer eingeführt, um die Lustbarkeiten, die geboten waren, finanzieren zu können. Karneval kann freilich nur der richtig feiern, der dann auch richtig fastet. Die Reformatoren hatten nichts übrig für die Fastenzeit. Mit dem Abschied von der Fastenzeit hatte man auch die närrischen Tage verabschiedet. Der Karneval hat deshalb seine Hochburgen seit jeher in katholisch geprägten Gegenden, erst allmählich breitet er sich auch andernorts aus. Aus dem Rheinland wird sogar berichtet, dass ein evangelischer Pastor die Rolle des Faschingsprinzen übernommen habe. Martin Luther hätte dagegen wohl gewettert, denn er war ein erklärter Gegner dieses „Mummenschanzes" und mit ihm alle anderen Reformatoren. In Jena wurde 1612 sogar eine Doktorarbeit verfasst, in der die Frage erörtert wurde, welcher Papst die Fastnacht eingeführt habe, die als Teufelswerk betrachtet wird. Man kam dabei zurück bis auf das Jahr 1207, als am Sonntag Quinquagesima, dem Faschingssonntag, Papst Innozenz III. sich ein närrisches Spiel vorführen ließ.

Während die Reformatoren dem Menschen nicht einmal drei närrische Tage gönnen wollten, waren die Rheinländer immer schon der Meinung, dass drei Tage nicht genügen. Sie beginnen deshalb ihre Karnevalswoche mit der „Weiberfastnacht" am Donnerstag. An diesem Tag übernehmen die Frauen das Regiment. Es ist ein Brauch, den bereits Wolfram von Eschenbach in seinem „Parzival" erwähnt. Aus dem 15. Jahrhundert gibt es Berichte von Frauen, die das Rathaus besetzten und sich an den Vorräten des Ratskellers schadlos hielten. Da und dort wurde über Männer zu Gericht gesessen. Man kann die Weiberfastnacht als einen Protest gegen eine Welt sehen, in der Männer das Sagen haben.

Dem „unsinnigen" oder „gumpigen" Donnerstag folgt in der schwäbisch-alemannischen Fastnacht der „rußige" Freitag. Besonders Kindern macht es eine Freude, den anderen anschwärzen zu können. Man darf beim Faschingstreiben die religiösen Wurzeln des Brauchtums nicht vergessen. Auch wenn Jesus durch seinen Tod am Kreuz den Satan überwunden hat, noch ist seine Macht nicht völlig gebrochen. Der Apostel Petrus meint zwar: „Der Teufel schleicht umher wie ein brüllender Löwe", aber sehr viel häufiger kommt er auf Samtpfoten daher. Die Wilderer schmierten sich früher Ruß ins Gesicht, um nicht erkannt zu werden. Der Teufel ist ein Wilderer der Seelen. Man nennt ihn nicht umsonst den „Schwarzen", der seine schwarze Spur in den Seelen der Menschen hinterlässt. Der rußige Freitag mit seinem Anschwärzen will den anderen der Lächerlichkeit preisgeben. Die frohen Kindergesichter mit den rußigen Tupfern lachen aber den Teufel aus, denn der „Schwarze" hat den Kampf verloren, wenn sie in der Osterbeichte alle dunklen Punkte ihres Lebens der Barmherzigkeit Gottes anvertrauen.

Ein Höhepunkt des närrischen Treibens ist der Umzug am Karnevals- oder Faschingssonntag. Die Wagen bewegen sich wie Schiffe auf Rädern durch die Straßen und knüpfen damit an die lange Tradition der Narrenschiffe an. Sebastian Franck hat in seinem Buch „Das Narrenschiff" 1494 die allgemeine Narretei in 100 Kapiteln beschrieben. Er rät freilich, möglichst rasch wieder zur Vernunft zurückzukehren, doch ein paar Tage dauert es, bis das närrische Treiben begraben ist und beweint wird. Am Aschermittwoch geht es zurück in den grauen Alltag. Es beginnt die Fastenzeit. Die gestern noch voll Lebensfreude waren, beugen ihren Kopf unter das Aschenkreuz und lassen sich an den Tod erinnern.

Die Predigt
des Faschingskrapfens

Alles ist vergänglich

Alles hat seine Zeit und alles ist vergänglich. Zu Weihnachten gehören die Lebkuchen, zu Ostern die Ostereier und zum Karneval oder Fasching gehören die Krapfen. Während in der Fastenzeit dann Schmalhans Küchenmeister ist, gibt es in den Faschingstagen, die früher zur sogenannten „Vorfastenzeit" gehörten, Schmalzgebackenes. Die Faschingskrapfen werden im schwimmenden Fett herausgebacken. Diese Köstlichkeiten lassen nicht nur Kinderherzen höher schlagen, wie der bayerisch-schwäbische Spruch „Lustig ist die Fasenacht, wenn die Mutter Kücherl/Küchle bacht" dokumentiert.

Manche behaupten, die Römer hätten die Krapfen erfunden, denn sie kannten bereits ein rundes Siedegebäck, dem sie den Namen „globulus" – Kügelchen – gegeben haben. In den Klöstern des 12. Jahrhunderts machte ein Rezept die Runde, das für die letzten Tage vor dem Aschermittwoch empfohlen wurde. Es handelt sich um nichts anderes als um die Zubereitung des Faschingskrapfens, den man „craplum" nannte. Mit dem Aschermittwoch verschwand der Schmalztopf aus der Küche, um erst wieder am Ostersonntag aus seiner Verbannung geholt zu werden. Die Mönche verstanden die Faschingskrapfen als Gleichnis des menschlichen Lebens. So wie der Krapfen sich im Fett dreht, bleibt nichts beim Alten. Was heute oben schwimmt, kann morgen schon in der Versenkung verschwinden. Die Mönche sahen Könige kommen und gehen. Sie sahen den Sturz der Mächtigen und den Aufstieg neuer Herren. Der Faschingskrapfen wurde für sie zur Predigt über die Worte des Magnifikat: „Er stürzt die Mächtigen vom Thron und erhöht die Niedrigen". Arme Leute, die in diesen Tagen an der Klosterpforte anklopften, erhielten einen Krapfen. „Die Hungernden beschenkt er mit seinen Gaben und die Reichen lässt er leer ausgehen" sagt das Magnifikat. Der Krapfen wird übrigens zweimal umgedreht, so dass auch der, der bei der letzten Revolution, der letzten Wahl nach oben gekommen ist, aus seiner Spitzenfunktion verschwindet und in Vergessenheit gerät. Der Faschingskrapfen macht, noch bevor er gegessen wird, deutlich, dass nichts so bleiben muss, wie es ist.

Diese Erfahrung musste auch Kaiser Napoleon machen. Nach einem Siegeszug ohnegleichen durch ganz Europa hat er die Landkarte gründlich verändert. Es gab keine Fürstbischöfe und Fürstbistümer mehr, keine Reichsäbte und Reichsabteien. Aus Herzögen und Kurfürsten waren Könige geworden, aus einfachen Soldaten Fürsten. Dann kam der Umschwung. Zuerst wurde der Kaiser nach Elba verbannt und schließlich kam er für immer auf die Insel St. Helena. In Wien aber tagte der „Wiener Kongress", um die Ordnung Europas neu festzulegen. Die Klöster blieben aufgehoben. Die Bischöfe bekamen ihre Territorien nicht mehr zurück, aber die Könige von Napoleons Gnaden wurden bestätigt und behielten ihre Länder. Auf dem Kongress wurde vieles beraten und viel getanzt. Eine Hofköchin namens Cäcilie Krapf hat zu einem Ball ihre Krapfen mit Früchten gefüllt. Der Faschingskrapfen wurde dadurch noch schmackhafter. Das neue Rezept machte schnell die Runde. In Wien nannte man sie „Cilli-Kugeln". Die Berliner freilich behaupten, ein Bäcker aus Berlin habe diese Idee schon mehr als ein halbes Jahrhundert früher gehabt, als ihn König Friedrich II. von Preußen, den manche den Großen nennen, zu den Soldaten holte. Der Kanonier habe wenig Lust gehabt, auf die feindlichen Österreicher mit Kugeln aus Blei zu schießen, er habe statt dessen Kugeln aus Teig geformt und gedörrte Zwetschgen aus seinem Proviant dazugegeben. Mangels Ofen legte er die Kugeln in siedendes Fett und fertig waren „die Berliner". Ob diese Kugeln abgeschossen wurden, ist nicht bekannt, aber es war wenigstens ein Versuch, „Schwerter in Pflugscharen" umzuwandeln, wie es vom Propheten Jesaia vorhergesagt wurde.

Im Karneval oder Fasching wird so vieles umgekehrt. Es ist wie mit dem im heißen Fett gewendeten Krapfen: Bürgermeister liefern ihre Schlüssel ab, Prinzenpaare regieren, Hofmarschälle und Präsidenten führen das große Wort, doch am Aschermittwoch wendet sich das Blatt und die alte Ordnung wird wiederhergestellt. Die Faschingskrapfen sind gegessen und werden zum Gleichnis für die Vergänglichkeit alles Irdischen.

Eine glückselige Fasnacht!

Ein ungewöhnlicher Wunsch

Im Süddeutschen Rundfunk beendete eine Pastoralreferentin ihr „Wort in den Tag" am Rosenmontag mit dem Wunsch: „Eine glückselige Fasnacht!" Dieser Wunsch lässt aufhorchen, denn er ist sehr ungewöhnlich. In früheren Zeiten wünschte man „Ein glückseliges Weihnachtsfest!" und noch häufiger „Ein glückseliges Neues Jahr!", aber „Eine glückselige Fasnacht!"? Die katholische Sprecherin stammte aus Rottweil, einer Hochburg der alemannischen Fasnacht. Die Masken von Rottweil sind berühmt. Hier paart sich wohl Ernst mit Freude, heitere Ausgelassenheit mit alter Tradition.

Eine glückselige Fasnacht! Jagen nicht viele im Karneval oder Fasching nach dem Glück? Sie wollen für ein paar Stunden, für ein paar Tage dem grauen Alltag entrinnen. Sie wollen ein anderer sein: ein Draufgänger, ein Held, etwas besonderes. Sie wollen geschätzt, geliebt, anerkannt sein. Sie träumen von der Prinzessin, die mit ihnen das Leben teilt. Sie träumen von dem Prinzen, der all ihre Wünsche erfüllen wird. Sie sehnen sich nach dem vollkommenen Glück, nach der Glückseligkeit. Freilich müssen sie die Erfahrung machen, dass

Glück in dieser Welt nur für Augenblicke zu haben ist. Das Glück lässt sich nicht festhalten. Manches, das man als Glück empfindet, stellt sich hinterher als ein Unglück heraus. Der Prinz verwandelt sich in einen unansehnlichen, unausstehlichen Frosch. Die Prinzessin verwandelt sich in eine grässliche Kröte, deren Gekreisch einem auf die Nerven geht. Es ist also gar nicht so verkehrt, eine glückselige Fasnacht zu wünschen.

Eine glückselige Fasnacht! Dieser Wunsch möchte das Glück nicht nur für den Augenblick, nicht nur für ein paar Stunden, nicht nur für eine Faschingssaison, sondern für eine Ewigkeit. Man darf deshalb sein Glück in der närrischen Zeit nicht aufs Spiel setzen und seine Ehe in Gefahr bringen oder die Ehe eines anderen Paares. Das schnelle Abenteuer bringt kein Glück, es birgt sogar die Gefahr, die ewige Seligkeit aufs Spiel zu setzen. Wer meinte im Alkohol sein Glück zu finden, der wird spätestens am nächsten Morgen die Folgen der Bier- und Weinseligkeit zu spüren bekommen. Der Alkohol enthemmt. Er lässt einen Dinge sagen, die man ansonsten besser für sich behalten hätte. Er lässt einen Dinge tun, für die man sich hinterher schämen muss. Statt eine glückselige Fasnacht in der Erinnerung zu behalten, wird man sie als dunklen Punkt in der Lebensgeschichte mit Schweigen übergehen.

Eine glückselige Fasnacht! Das ist ein ungewöhnlicher, aber guter Wunsch für die Faschings- oder Karnevalszeit. Eine Fasnacht, die sozusagen als heiteres Spiel gefeiert wird, mit einem Humor, der nicht unter die Gürtellinie geht und auch andere nicht verletzt. Eine Fasnacht, die anderen Freude bereitet. Indem man Freude schenkt, wird man selber beschenkt. Die heilige Kreszentia von Kaufbeuren hat als Oberin immer Wert auf einen frohen Fasching im Kloster gelegt mit Faschingskrapfen und Geschichten, über die man lachen konnte, mit lustigen Liedern und ein paar Überraschungen. Sie war der Meinung, man könne nur dann den richtigen Ernst für die Fastenzeit aufbringen, wenn man vorher richtig lustig war. In diesem Sinn: Eine glückselige Fasnacht!

FESTE DER FASTENZEIT

Staub bist du!

Zum Aschermittwoch

Der Fasching oder Karneval wird von manchen als Freibrief verstanden. Alles ist erlaubt, so denken sie und so handeln sie. Lebensfreude und Lebenslust sind angesagt. Da darf man auch über die Stränge schlagen. Alkohol fließt in Strömen und läßt die Hemmschwellen sinken. Der Aschermittwoch beendet das närrische Treiben. Der Ernst des Lebens fordert wieder seinen Tribut. Nach Ausgelassenheit folgt die Ernüchterung. Der Narr von gestern wird zum Büßer von heute.

Da stehen sie in einer Reihe: das Gardemädchen und der Büttenredner, der Elferrat und das Prinzenpaar, aber auch all die anderen, die dem Mummenschanz ferngeblieben sind, und empfangen in der Kirche das Aschenkreuz. „Bedenke, Mensch, dass du Staub bist und wieder zum Staub zurückkehren wirst." Das sind die Worte, die bei der Aschenauflegung gesprochen werden. Sie greifen Gottes Wort an Adam bei der Vertreibung aus dem Paradies auf. Gestern noch wollte man die Welt abbrechen. Gestern noch fühlte man sich als der große Macher. Gestern noch lag einem die Männerwelt zu Füßen. „Staub bist du!" Ein Nichts, ein Niemand, das bist du. Ohne Gott bist du eine Null. Es ist wie ein Paukenschlag. Nach all der Lebensfreude vergangener Wochen, nach all der Lebenslust vergangener Tage spürt man den kalten Atem des Todes. „Denk an den Tod!" Auch du wirst sterben müssen. Du wirst den gleichen Weg gehen wie deine Vorfahren. Der Gedanke an den Tod muss deinem Leben die Richtung weisen. Keiner weiß, wieviele Jahre ihm geschenkt sind. Keiner weiß, welche Krankheiten, welche Schicksalsschläge auf ihn warten, aber am Ende steht immer der Tod. Keiner kann ihm ausweichen. Der Aschermittwoch ruft uns die Vergänglichkeit des Lebens ins Gedächtnis. Er will uns damit nicht erschrecken, sondern uns nur auf den Boden der Tatsachen zurückholen.

Am Aschermittwoch empfängt man das Aschenkreuz, am Tag unserer Beerdigung wird der Priester Erde auf unseren Sarg streuen und dabei die Worte des Aschermittwochs in abgewandelter Form sprechen: „Staub bist du und zum Staub kehrst du zurück. Der Herr aber wird dich auferwecken am Jüngsten Tag." Der Tod ist für den gläubigen Menschen nicht das Ende. Es folgen das Jüngste Gericht und das ewige Leben, das sich im Himmel oder in der Hölle abspielen wird. Gottes Barmherzigkeit gewährt den Sündern darüber hinaus die Chance, am Ort der Läuterung, dem Fegfeuer, den Himmel noch zu erlangen. Der Aschermittwoch ruft die

Letzten Dinge in Erinnerung. Wer dies bedenkt, für den sind Reue, Umkehr und Buße naheliegend. Dieser Tag ist deshalb von jeher als ein Buß- und Bettag verstanden worden.

Die Buße besteht im Fasten und im Verzicht auf Fleischspeisen. Die Buße besteht auch darin, dass man wieder in den grauen Alltag zurückkehrt und seiner Arbeit nachgeht. Der Aschermittwoch ist der Auftakt zu den 40 Tagen der Vorbereitung auf das Osterfest. „Österliche Bußzeit" nennt sie der kirchliche Kalender. Man könnte es auch eine Zeit nennen, in der man bewusster lebt. Der Fasching hat ja auch etwas mit „Zeit vergeuden" zu tun. Man macht die Nacht zum Tag. Die „österliche Bußzeit" wird anders aussehen müssen. Es gilt die Zeit zu nützen, indem man Zeit hat für Gott, dem wir jeden Augenblick unseres Daseins verdanken; indem man Zeit hat für sich selbst – wer meint, er habe sie nicht, der sollte sie sich nehmen –; indem man Zeit hat für den anderen. Der wichtigste Mensch ist immer der, mit dem ich gerade rede oder dem ich jetzt begegne.

„Bedenke, Mensch, dass du Staub bist", das ist aber nur die eine Seite des Aschermittwochs, die andere Seite ist: „Der Herr hat dich berufen zu ewigem Leben." Deshalb ist es klug, eine Lebensweisheit der alten Römer zu befolgen: „Was auch immer du tust, handle klug und bedenke das Ende!"

Aufbruch ins Heilige Land

Zum Sonntag Laetare

Man schrieb das Jahr 1189. Der Kaiser, es war Friedrich I. Barbarossa, hatte die Edlen des Reiches und ihre Gefolgsleute nach Regensburg gerufen. Im Jahr zuvor hatte er auf dem Hoftag zu Mainz einen Kreuzzug angekündigt. Er wollte mit allen, die gleich ihm das Kreuz nahmen, nach Jerusalem ziehen, um die Heiligen Stätten für die Christenheit wieder zurückzuerobern.

Der Kaiser hatte als Tag des Aufbruchs nicht ohne Grund den vierten Sonntag in der Fastenzeit gewählt, denn die Kirche singt an diesem Tag im Introitus: „Freue dich, Stadt Jerusalem. Seid fröhlich zusammen mit ihr, alle die ihr traurig wart. Freut euch und trinkt euch satt an der Quelle göttlicher Rüstung." Der Beginn des Eingangsliedes hat dem Sonntag seinen Namen gegeben: Freue dich – Laetare. Diese Aufforderung prägt das Gesicht dieses Sonntags.

Kaiser Friedrich I. Barbarossa löste mit seiner Ankündigung, ins Heilige Land zu ziehen, große Begeisterung aus. Zahlreiche Fürsten wollten den Kaiser auf dem Kreuzzug begleiten. Man kann sagen, nahezu das ganze christliche Europa be-

28

teilte sich. Die Könige von England und Frankreich, Richard Löwenherz und Philipp II. August, schlossen sich dem Kreuzzug an. Sie wählten den Seeweg, während Friedrich Barbarossa auf dem Landweg als Pilger und Kämpfer nach Jerusalem zog. Er hat das Ziel freilich nicht erreicht. Er starb bei der Durchquerung des Flusses Saleph in Kleinasien, der heutigen Türkei. Dem Rest des Heeres gelang es nicht, die Heiligen Stätten zurückzuerobern. Herzog Friedrich von Schwaben starb. König Philipp von Frankreich kehrte krank in seine Heimat zurück. Richard Löwenherz wurde auf dem Heimweg von Herzog Leopold von Österreich gefangen genommen, weil er ihn bei der Belagerung von Akkon tödlich beleidigt hatte. Man kann sagen, der ganze Feldzug war nach einem glänzenden Beginn ohne den erwünschten Erfolg geblieben.

Der Kreuzzug Kaiser Friedrich Barbarossas war der bedeutendste, er war freilich nicht der erste und nicht der letzte. Die Kreuzzüge werden immer genannt, wenn es um das Sündenregister der Kirche geht. Wir können heute nicht mehr verstehen, dass das Zeichen der äußersten Liebe Gottes zum Menschen, das Kreuz, zum Zeichen des Krieges werden konnte. Aber ist es auf der anderen Seite nicht bewundernswert, dass Menschen bereit waren, alles zu verlassen und ihr Leben einzusetzen, um anderen den Weg nach Jerusalem und den Heiligen Stätten zu bahnen? Wobei sich wiederum einwenden lässt: um Christus zu begegnen, brauche ich nicht ins Heilige Land zu ziehen. Christus begegne ich in jeder heiligen Messe. Christus begegne ich im Sakrament der Buße, wenn ich beichte. Christus begegne ich in der heiligen Kommunion. Christus begegne ich beim Lesen der Heiligen Schrift. Christus begegne ich in jedem Kranken. Christus begegne ich in jedem Menschen, der meine Hilfe braucht.

Kaiser Friedrich Barbarossa hat den Sonntag Laetare als Aufforderung verstanden, nach Jerusalem zu ziehen, um die Heiligen Stätten aus der Hand der Muslime zu befreien. Jene führten einen Heiligen Krieg, um den Islam auszubreiten. Einen Heiligen Krieg wollten auch die Kreuzfahrer führen. Aber es gibt keinen Heiligen Krieg! Wir sollten den Sonntag Laetare anders verstehen. Unser Ziel kann nicht die Eroberung Jerusalems sein, unser Ziel muß das himmlische Jersualem sein, von dem die Offenbarung des Johannes spricht. Freilich, auch Paulus spricht im Epheserbrief von der Waffenrüstung, die wir für diesen Kampf benötigen: „Gürtet euch mit der Wahrheit. Zieht an den Panzer der Gerechtigkeit, als Schuhe die Bereitschaft für das Evangelium vom Frieden zu kämpfen. Vor allem greift zum Schild des Glaubens. Nehmt den

Helm des Heiles und das Schwert des Geistes, nämlich das Wort Gottes" (Eph 6,11).

Man kann sich natürlich kampflos dem Versucher ausliefern. Das würde bedeuten, die Unwahrheit der Wahrheit vorzuziehen, die Ungerechtigkeit der Gerechtigkeit, den Unglauben dem Glauben. Wollen wir das wirklich? Der Sonntag Laetare erinnert uns, dass Ostern nicht mehr ferne ist. Nicht mehr ferne ist auch der Tag der Wiederkunft Christi. Für diesen Tag wollen wir uns bereit halten. In der Osterbeichte widersagen wir erneut in aller Form dem bösen Feind, und angesichts des Taufwassers in der Osternacht bekräftigen wir unsere Absage an den Bösen und unseren Glauben an Gott, der uns allein retten kann.

Das verhüllte Kreuz

Mit dem Passionssonntag
beginnt das Leiden des Herrn

Der 5. Fastensonntag hat noch zwei weitere Namen. Man nennt ihn „Judica" nach dem Eingangsvers. Es ist der Beginn von Psalm 43, in dem es heißt: „Verschaffe mir Recht, o Gott, und führe meine Sache gegen ein treuloses Volk! Rette mich vor bösen und tückischen Menschen, denn du bist mein starker Gott". Daneben gibt es auch noch die Bezeichnung „Passionssonntag". Es ist also der Sonntag, an dem man mit Jesus hinaufgeht nach Jerusalem. Das Hinaufgehen nach Jerusalem ist verbunden mit der Ankündigung von Leiden und Sterben.

Mit dem Passionssonntag rückt das Leiden Jesu in den Mittelpunkt der Betrachtung. Jesus weint über die heilige Stadt Jerusalem, denn in ihr hat man nicht begriffen, dass er der von Gott gesandte Messias ist. Zeichen und Wunder wollen die Leute erleben, damit sie an ihn glauben können. Wenn aber Zeichen und Wunder geschehen, dann nehmen sie diese entweder nicht wahr oder sie suchen nach anderen Erklärungen, denn Jesus passt nicht in ihre Messiasvorstellungen. Ein Messias, der nicht zum Kampf gegen die Römer aufruft, kann nicht der Messias sein. Ein Messias, der sich nicht die Wiederherstellung des Reiches Davids zum Ziel gesetzt hat, kann nicht der Messias sein. Das ist die Tragik Jerusalems, das ist die Tragik des auserwählten Volkes, dass es eine vorgefertigte Messiasvorstellung hat, in die Jesus nicht hineinpasst.

Am Passionssonntag werden in den Kirchen die Kreuze verhüllt. Damit soll angedeutet werden, dass Jesus bis zu seinem Einzug in Jerusalem am Palmsonntag nicht mehr öffentlich aufgetreten ist. Die folgenden Tage sind Tage der Zurückgezogenheit, über denen eine große Wehmut liegt. Es sind Tage des Gebetes, der stillen Zwiesprache mit dem himmlischen Vater. Es sind Tage des inneren Leidens. Es sind Tage des Gesprächs mit den Aposteln. Er spricht vom Untergang Jerusalems und vom Ende der Welt. Seine Jünger möchte er für diese Prüfungen stärken. Er möchte nicht, dass sie allen möglichen falschen Propheten nachlaufen, sondern den Glauben an ihn bewahren. Mit Nachdruck mahnt er seine Jünger zur Wachsamkeit. In immer neuen Beispielen versucht er ihnen klarzumachen, worauf es ankommt. „Ihr müsst sein wie der treue Knecht, den die Ankunft seines Herrn niemals unvorbereitet treffen wird, weil er immer bereit ist" (Lk 12,37). In der Geschichte von den zehn Jungfrauen, von denen fünf töricht waren und fünf klug, werden diejenigen gelobt, die sich für den Ernstfall eingerichtet haben. Sie haben Öl in ihren Krügen, während die törichten nicht vorgesorgt haben und ohne brennende Lampen dastehen, als der Bräutigam kommt. Den törichten wird gesagt: „Ich kenne euch nicht" (Mt 25,13).

Auch in der Erzählung von den Talenten (Mt 25,14–30) geht es um nichts anderes als dass jeder nach seinen Kräften sich mühen muss, damit er am Ende nicht mit leeren Händen dasteht. So wie der reiche Mann den faulen Knecht hinauswirft und bestraft, so wird auch der Richter am Ende eines Lebens prüfen, ob man seine Talente genutzt hat, oder ob man sie brach liegen ließ. Jesus stellt jedem die Frage nach seinem Leben. Ist es ein erfülltes Leben oder ein vergeudetes Leben gewesen? Der Vater im Himmel wird das Weltgericht seinem eingeborenen Sohn anvertrauen und die Apostel werden eingeweiht in das Gerichtsverfahren. Gerettet werden die Menschen, die ein Herz für andere hatten, denn „ich war hungrig und ihr habt mich gespeist" (Mt 25,35). Die leiblichen Werke der Barmherzigkeit werden abgefragt und je nach der Antwort wird der Richterspruch ausfallen. Der Apostel Matthäus hat uns dies überliefert und jeder kann es erfahren, der es hören will. Mit dem Wissen allein ist es nicht getan, wie man an Judas Iskarioth sieht.

Der Passionssonntag öffnet deshalb den Blick nicht nur für die Leidensgeschichte Jesu, sondern für die Leidensgeschichte der Menschheit. „Misereor" – „mich erbarmt des Volkes" sagt Jesus und er möchte, daß auch wir uns erbarmen, deshalb trägt die Hilfsaktion der Deutschen Bischöfe den Namen „Misereor". Das verhüllte Kreuz am Passionssonntag erinnert an die Tränen Jesu über Jerusalem und die ganze Welt, an das inständige Gebet des Herrn, nicht zuletzt an die Mahnungen, die der Heiland seinen Jüngern mit auf den Weg gegeben hat, damit sie im Gericht bestehen können. Das verhüllte Kreuz möchte aber auch daran erinnern, dass wir Christus im anderen sehen, denn da ist er verborgen gegenwärtig. Am Karfreitag erfolgt die Enthüllung des Kreuzes. Der tote Heiland wird beweint und betrauert. Das Kreuz wird verehrt, das Schandholz wird zum Siegeszeichen, mit dem Christus Sünde, Tod und Teufel überwunden hat.

Palmzweige aus Bordighera

Eine Geschichte zum Palmsonntag

Die Palmzweige, die der Papst alljährlich am Palmsonntag segnet und an den liturgischen Dienst, die anwesenden Kardinäle und Bischöfe austeilt, kommen aus dem Küstenort Bordighera in der Nähe von San Remo und dies seit dem Jahre 1587.

Papst Sixtus V. hat damit den Heimatort eines Matrosen auszeichnen wollen, der ihm einen besonderen Dienst erwiesen hatte. Bei der Neugestaltung des Petersplatzes wünschte der Papst, dass der Obelisk, der einst den Circus des Kaisers Nero zierte, in der Mitte des Vorplatzes von St. Peter aufgestellt würde. Der Architekt Domenico Fontana erhielt 1586 von dem ebenso tatkräftigen wie baufreudigen Papst den Auftrag, das Unternehmen zu planen. Felice Peretti, der sich bei seiner Wahl zum Papst den Namen Sixtus gab, hat die Vollendung des Petersdomes vorangetrieben, die Stadt Rom und ihr Verkehrsnetz modernisiert, Straßen begradigen und neu anlegen lassen, Pilgerhospize errichtet, den Quirinalspalast, in dem heute der italienische Staatspräsident residiert, vollendet. Der aus den Abruzzen stammende Franziskaner, dessen Predigten ganz Rom erschüttert haben, hatte eine starke Abneigung gegen jede Art von Banditen. Er räumte im Kirchenstaat mit dem Räuberunwesen gründlich auf und war der Schrecken einer korrupten Verwaltung. Der einstige Hirtenbub aus ärmsten Verhältnissen war zum obersten Hirten der Kirche aufgestiegen. Dies erfüllte ihn mit Dankbarkeit, aber auch mit dem festen Willen, sein Bestes für die Kirche zu geben. Er bewegte sich ebenso sicher auf dem diplomatischen Parkett der Weltpolitik wie auf dem Gebiet der Verwaltung. Die Einteilung der Kurienämter geht auf ihn zurück, und sie hat erst nach dem Zweiten Vatikanischen Konzil einige geringe Veränderungen erfahren. Er legte die Zahl der Kardinäle auf 70 fest, und sie galt gleichfalls bis in das 20. Jahrhundert.

Die Aufstellung des Obelisken vor St. Peter war für den Papst nicht so sehr eine architektonische oder künstlerische Frage, sondern hier sollte sehr deutlich der Sieg des Christentums über das Heidentum demonstriert werden. Im Circus des Kaisers Nero waren die ersten Christen hingerichtet worden, hier hatte man sie als lebende Brandfakkeln benutzt, indem man sie mit Pech bestrichen und dann angezündet hat. Dieser Obelisk, der die Wendemarke für die Wagenlenker war, stammt aus Ägypten und war ein Zeichen des Triumphes Roms über das Reich der Ägypter. Er war bis ins

4. Jahrhundert Zeuge der Christenverfolgungen, deren prominenteste Opfer Petrus und Paulus waren. Nun sollte er vor dem neuen St. Petersdom stehen und die Inschrift erhalten: „Christus vincit. Christus regnat. Christus imperat" – Christus ist Sieger. Christus ist König. Christus ist Herrscher. – Es musste freilich alles vermieden werden, was zur Beschädigung des aus einem einzigen Felsen geschlagenen Steins führen konnte. Domenico Fontana hat geradezu einen Generalstabsplan dafür entworfen. 900 Mann waren im Einsatz, 140 Pferde, 46 Winden. Halb Rom war auf den Beinen. Auch Papst Sixtus V. verfolgte mit nervöser Anspannung die Aufstellung des Obelisken. Damit die Anweisungen des Architekten gehört wurden, musste es völlig still sein. Sixtus V. hatte jedem die Todesstrafe angedroht, der unberufen die Stille zu brechen wagen würde. Als der Obelisk auf halbe Höhe emporgewunden war, begannen die Seile zu rauchen. Sie drohten zu reißen. Da gellte der Ruf eines Mannes über den Platz: „Aqua alla corde" – „Wasser auf die Seile!" Man tat es. Schnell herbeigeholte Wassereimer wurden von Hand zu Hand weitergereicht. Nachdem man Wasser auf die Seile gegossen hatte, festigten sie sich und der Obelisk konnte aufgestellt werden.

Wer war der Mann, der die Aufstellung des Obelisken in letzter Minute gerettet hatte? Es war ein

Matrose aus Bordighera. Er kannte die Schwierigkeiten, die überspannte Seile verursachen konnten,
von der Segelschifffahrt her. Niemand redete von
Todesstrafe für den Aufschrei, den der Mann aus
Bordighera hervorgestoßen hatte. Im Gegenteil!
Der Papst, der mit den Golddukaten ansonsten
sehr haushälterisch umging, griff in seine Schatul-
le, um den Matrosen zu belohnen. Bei der Privat-
audienz erkundigte er sich nach seinen familiären
Verhältnissen und seinem Heimatort. Hier wurde
die Idee geboren, Bordighera das Privileg zu verlei-
hen, alljährlich die Palmzweige für die Prozession
von St. Peter am Palmsonntag zu liefern.

Gesalbt zu Königen, Priestern und Propheten

Die Chrisammesse in der Karwoche

Die Weihe der heiligen Öle wird vom Bischof am Gründonnerstag vollzogen. So sieht es die Liturgie der Kirche vor. Sie stellt damit einen Zusammenhang her zwischen dem leidenden Herrn am Ölberg, dessen Schweiß und dessen Blut den Boden tränkte. Dadurch wurden die Ölbäume geheiligt und mit ihnen die Früchte, letztendlich das aus ihnen gepresste Öl. Seit einigen Jahren wird dieser Gottesdienst, die sogenannte Chrisammesse, bereits am Mittwoch in der Karwoche gefeiert und die Priester der Diözese versammeln sich um ihren Bischof. Sie erneuern bei diesem Anlass das Versprechen, das sie am Tag ihrer Priesterweihe dem Bischof gegeben haben.

Bei der Gabenbereitung bringen Diakone die verschiedenen Öle zum Altar: das Chrisam, das Öl für die Krankensalbung und das Katechumenenöl. Der Bischof betet über die einzelnen Öle. Den Höhepunkt der Weihehandlung bildet die Weihe des Chrisams, das aus einer Mischung von Olivenöl und Balsam hergestellt wird. Der Bischof ruft mit dem Hauch seines Mundes den Geist Gottes auf das Chrisam herab. Chrisam wird bei der Taufe und bei der Firmung verwendet, ebenso bei der Priester- und Bischofsweihe. Auch die Könige, die sich als christliche Könige verstanden, wurden bei ihrer Krönung mit Chrisam gesalbt.

Der erste König, der auf diese Weise in sein Amt eingesetzt wurde, war Saul. Samuel salbte ihn zum König, nachdem die Israeliten sein wollten wie die anderen Völker. In Frankreich bestand der Volksglaube, dass eine Taube vom Himmel gekommen sei und in ihrem Schnabel ein Gefäß mit Öl gebracht habe, damit Bischof Remigius Chlodwig bei seiner Taufe salben konnte. Hier fließen die Gedanken von Taufe und Krönung zusammen. Dies ist nicht abwegig, denn bei der Taufe wird jeder Christ zum König, Priester und Propheten gesalbt. Welche Bedeutung man der Salbung des Königs beimaß, lässt sich daraus ersehen, dass man gerade in Frankreich der festen Meinung war, dass der König bestimmte Krankheiten heilen kann. Er brauche einen nur zu berühren. Als sich der Kurfürst von Brandenburg Friedrich Wilhelm I. am 18. Januar 1701 in Königsberg zum „König in Preußen" krönte, legte der protestantische Fürst Wert darauf, dass er gesalbt wurde. Aus diesem Grund hat er den reformierten Konsistorialrat Ursinus und den lutherischen Professor von Sanden eigens zu Bischöfen ernannt, damit sie die Salbung vollziehen konnten. Die letzte Krönung, bei der eine Salbung vorgenommen wurde, fand in Westminster anläßlich der Thronbesteigung von Königin Elizabeth II. von England statt. Wenn nicht alles trügt, war es die letzte rituelle Salbung eines christlichen Königs, denn inzwischen arbeitet man in Großbritannien an einem Ritual, das der multikulturellen Gesellschaft gerechter werden soll.

Älter als die Salbung der Könige ist die Salbung der Priester. Mose salbt seinen Bruder Aaron zum Hohenpriester und seine Söhne zu Priestern. Bei der Salbung Aarons fielen zwei Tropfen auf den Bart Aarons. Die Rabbinen deuten die beiden Tropfen als Zeichen der Hoheit und der Volkstümlichkeit. An die Salbung Aarons knüpft man bei der Bischofsweihe an, bei der gleichfalls der Kopf des Weihekandidaten mit Chrisam gesalbt wird, während der Bischof bei der Priesterweihe die Hände der Neupriester mit dem heiligen Öl salbt. Wenn auch die Handauflegung der entscheidende Moment sowohl bei der Bischofs- wie bei der Priesterweihe ist, so bedeutet die Salbung ein Zeichen der besonderen Würde, die mit der Berufung zu diesem Dienst verbunden ist. Franz von Sales, der heilige Bischof von Genf, schreibt in seiner „Philothea" dem Sinn nach: Das heilige Chrisam erinnert an zwei wesentliche Tugenden, die den Empfänger der Sakramente auszeichnen soll. Wie das Chrisam aus Balsam und Olivenöl hergestellt wird, so soll jeder Getaufte und besonders der Priester demütig und gütig sein. Der Balsam sinkt stets zu Boden, während das Olivenöl immer obenauf schwimmt. So ist es auch mit der Demut und der Güte. Die Demut lässt uns den letzten und untersten Platz einnehmen, während die Güte über allem steht. Der Kirchenlehrer Bonaventura hat für die Vermischung von Balsam und Olivenöl bereits früher eine Erklärung versucht. Er meint, das Olivenöl durchdringe sämtliche Poren und führe damit zu einer inneren Stärkung des Menschen. Der Balsam dagegen wirke mit seinem Duft nach außen und sei dem Bekennntis des Glaubens zu vergleichen.

Neben der Salbung zum König und Priester kannte der Alte Bund noch die Salbung zum Propheten. Man könnte nun sagen, mit der Ankunft Jesu habe sich der Dienst des Propheten erübrigt. Johannes der Täufer ist der letzte, der im Auftrag Gottes spricht. Paulus erwähnt aber ausdrücklich Propheten, die in einer Gemeinde tätig sind. Das sind Menschen, die Gott in seinen besonderen Dienst genommen hat. Sie gibt es zu allen Zeiten. Jeder Getaufte empfängt mit der Salbung durch das Chrisam ein prophetisches Charisma, das entweder verkümmert oder sich entfaltet. Immer wieder gibt es prophetische Gestalten. Sie treten als Mahner auf oder als Reformer. Wir finden sie unter Mönchen und Ordensfrauen, in den Reihen der Politiker und der Dichter. Propheten stoßen kaum auf allgemeine Anerkennung. Häufig sind sie unbequeme Zeitgenossen, die Gottes Wort zum alleinigen Maßstab ihres Handelns machen und auf diese Weise bereits ein beständiger Vorwurf gegen ihre leichtlebigen Mitmenschen sind.

Mit Chrisam wird auch die Stirn des Firmlings gesalbt. Er soll Zeuge für Christus und seine Kirche sein. Vom Gefirmten wird erwartet, dass er in der Öffentlichkeit seinen Glauben bekennt. Der Christ hat seinen Namen von Christus, Christus heißt aber nichts anderes als „der Gesalbte". Es ist die griechische Übersetzung des hebräischen „Messias". Die Juden warten bis zum heutigen Tag auf den Messias, während wir der festen Überzeugung sind, dass in Jesus von Nazareth der Messias erschienen ist. Der Gefirmte trägt förmlich ein Siegel auf seiner Stirn, das seine Christuszugehörigkeit allen erkennbar macht. Es ist das Kreuz mit Chrisam, das ihm der Bischof auf die Stirn zeichnet: „Sei besiegelt durch die Gabe Gottes, den Heiligen Geist." Das Chrisam wird auch bei der Weihe eines Altares oder einer Kirche vom Bischof verwendet. An fünf Stellen wird der Altar gesalbt, eine Kirche in Erinnerung an die die zwölf Apostel an zwölf Stellen, die durch die Apostelkreuze kenntlich gemacht sind.

Welche Bedeutung dem Chrisam zukommt, kann man daraus ersehen, dass die Liturgie das heilige Öl jahrhundertelang durch eine Kniebeuge ehrte. Der Priester betete dabei: „Ave sanctum oleum. Ave sanctum Chrisma" – „Sei gegrüßt, heiliges Öl! Sei gegrüßt, heiliges Chrisam!" In der Ostkirche besteht die Auffassung, dass das heilige Myron, das Chrisam, von der Gnadenkraft des Heiligen Geistes erfüllt ist. Alles, was mit dem heiligen Öl gesalbt wird, Menschen und Dinge, wird dadurch in die Welt des Sakramentalen erhöht. Das war auch der Grund, warum bei der Weihe des Taufwassers vor der Liturgiereform in der Feier der Osternacht in das Wasser Chrisam gegossen wurde.

Die Weihe der heiligen Öle durch den Bischof betont die Bedeutung, die sie im Leben der Kirche besitzen. Boten bringen die heiligen Öle in die Dekanate und Pfarreien. Neben dem Chrisam sind es das Katechumenenöl und das Krankenöl.

Das Miserere am Karfreitag

*Wolfgang Amadeus Mozart
in der Sixtinischen Kapelle*

In der Karwoche 1770 traf Leopold Mozart mit seinem Sohn Wolfgang Amadeus in Rom ein. Die Italienreise bot dem Wunderkind die Möglichkeit zu zahlreichen Konzertauftritten und die Begegnung mit bedeutenden Komponisten seiner Zeit. Wolfgang Amadeus Mozart wollte lernen und es in der Musik zur Meisterschaft bringen.

Ein Höhepunkt der Karwoche war das „Miserere" bei der Liturgie des Karfreitags. In der Sixtinischen Kapelle wurde die Trauermette abgehalten. Der Papst und zahlreiche Kardinäle nahmen daran teil. Der Chor der Sixtinischen Kapelle sang. Sie galten als die besten Sänger ihrer Zeit. Drei Kastraten und sechs Männerstimmen bildeten den Chor. Wenn die letzte Kerze an dem Kerzenständer, der zwölf Kerzen trug, gelöscht wurde, warf sich der Papst vor dem Altar zu Boden und der Chor sang das „Miserere" von Gregorio Allegri, das um 1670 für den Chor der Sixtinischen Kapelle komponiert worden war. Alle, die es je gehört hatten, bezeichneten es als ein Kunstwerk von ergreifender Schönheit.

Leopold Mozart und sein Sohn konnten an den Trauermetten teilnehmen. Die Schweizer Garde ermöglichte den beiden Musikern sogar einen Platz in der ersten Reihe unmittelbar bei den Kardinälen. Sie warteten mit allergrößter Spannung auf das „Miserere" von Allegri, denn die Komposition wurde nur in der Sixtinischen Kapelle zur Aufführung gebracht, und es war strengstens verboten, Kopien der Noten anzufertigen. Jeder Sänger war an dieses Verbot gebunden. Dies erhöhte noch das Interesse der Musikliebhaber, die zu diesem Ereignis aus halb Europa anreisten.

Der Musikfachmann Jacobi schrieb in seinen „Notizen aus Rom" über das „Miserere" von Allegri: „Eine unbeschreibliche Harmonie! Wie das alles ineinanderfließt und stimmt. Bald hört man nur den leisen klagenden Jammer des einen, dann greifen die anderen wieder ein und so wallt der Trauergesang, bis am Ende jeder Strophe alle Stimmen sich vereinigen. In der folgenden Strophe antwortet immer der ganze Chor, und wenn sie gleich in dem stärksten Baßgesang gewöhnlich weggesungen wird, so tut dies doch der stillen fließenden Klage der anderen keine widrige Wirkung. Nie hat mich etwas so ergriffen und bewegt wie dieser Gesang. Himmlisch muss die Seele des Mannes gewesen sein, der eine solche Harmonie zuerst erfinden konnte." Man kann sich vorstellen, mit welcher

Spannung Leopold Mozart und sein Sohn auf das „Miserere" warteten. Ihnen war bekannt, dass die Sänger in der Vergangenheit teilweise sehr freizügig mit der Komposition Allegris umgegangen sind, so daß sie vom päpstlichen Zeremonienmeister gerügt worden waren und ihnen ausdrücklich geboten wurde, sich an die Noten zu halten.

Wolfgang Amadeus Mozart lauschte dem Gesang des neunstimmigen Chores derart konzentriert, dass er sich nach den Trauermetten niedersetzte und aus dem Gedächtnis die gesamte Komposition niederschrieb. Leopold Mozart brachte die Notenblätter Kardinal Pallavicini. Man verglich und stellte fest, daß der vierzehnjährige Musiker tatsächlich die Komposition Allegris aus dem Gedächtnis fehlerfrei niedergeschrieben hatte. Der Papst war vom Können des jugendlichen Komponisten so begeistert, dass er ihm einen hohen päpstlichen Orden verlieh: den goldenen Sporn. Damit war der Adelstitel verbunden. Der Komponist Willibald Gluck, der diesen Orden ebenfalls erhalten hatte, nannte sich seitdem immer „Ritter von Gluck". Wolfgang Amadeus Mozart war sein Können Adel genug.

Das „Miserere" von Allegri hat wenige Jahre später Kaiser Joseph II. vom Papst für Wien erbeten. Allerdings fand es nicht den Beifall des Kaisers, der äußerte die Vermutung, der päpstliche Kapellmeister habe ihm nicht das Werk Allegris zukommen lassen, sondern eine eigene Komposition. 1870 erklang es letztmals in der Sixtinischen Kapelle. Mit dem Ende des Kirchenstaates endete auch die Tätigkeit des Chores und seiner hochkarätigen Sänger.

Pause für den Komponisten

Händel stirbt am Karsamstag

Am Karsamstag 1759 starb Georg Friedrich Händel. Wäre es nach seinen Wünschen gegangen, dann hätte er am Karfreitag sterben müssen, denn in den Tod Jesu wollte er hineinsterben, damit er mit Jesus auferstehen darf. In der Westminster Abbey wurde er beigesetzt. Auf dem Grabdenkmal hält er ein Notenblatt in der Hand mit der Arie „Ich weiß, dass mein Erlöser lebt". Damit bekundet der Komponist des „Messias" seinen Glauben an die Auferstehung.

Böse Zungen haben freilich immer behauptet, Händel sei ein Heide. Ihm gehe es nur um das Geschäft. Selbst seine Oratorien hätten nur den Sinn gehabt, den Geschmack der Hörer zu treffen, die sich an den italienischen Opern sattgehört hatten und sich nach anderem sehnten. Bach dagegen, der Thomaskantor von Leipzig, sei ein tieffrommer Mann gewesen, der zur Ehre Gottes komponiert habe. Dabei wäre Händel auch gerne Kirchenmusiker geworden. Die Nachfolge Dietrich Buxtehudes an der Marienkirche in Lübeck hätte er antreten können. Die Sache hatte nur einen Haken. Um die Stelle zu bekommen, war die Heirat mit der

Tochter Buxtehudes Bedingung. Diese Bedingung schien Händel nicht erfüllbar. Er zog seine Bewerbung zurück und sagte damit auch der Kirchenmusik Lebewohl.

Sein Weg führte ihn in die weite Welt. Italien prägte ihn vor allem. Künstler wie Domenico Scarlatti und Corelli wurden seine Lehrmeister. Sein Wirkungsort wurde schließlich London. Der König schätzte und förderte ihn. Vierzig Opern komponierte der nimmermüde Künstler. Den Opern folgten zweiundzwanzig Oratorien, deren bekanntestes „Der Messias" ist, der in Dublin uraufgeführt wurde. Oratorien hatte er in Italien erlebt. Sie gingen auf den heiligen Philipp Neri zurück, der auf diese Weise den Menschen die Heilige Schrift und damit das Wort Gottes näherbringen wollte.

Obwohl durch einen Schlaganfall geschwächt und fast erblindet, arbeitete er bis zuletzt. Sein Leben gehörte der Musik, und so wird man es als besondere Fügung begreifen dürfen, dass Händel an einem Karsamstag sterben durfte. Der Karsamstag ist der stillste Tag des ganzen Kirchenjahres. An diesem Tag schweigen die Glocken. An diesem Tag schweigt die Orgel. An diesem Tag erklingt kein Gesang. An diesem Tag haben die Instrumente Pause. Wenn der große Komponist an diesem Tag von Gott heimgerufen wurde, war es als ob der Engel des Todes dem genialen Künstler zugerufen hätte: Genug gearbeitet. Genug musiziert. Jetzt ist Pause. Aber diese Pause hat wohl nicht allzulange gedauert, denn dann durfte er gewiss einstimmen in den Gesang der Engel und Heiligen, die Gott ohne Ende ihr „Heilig" singen.

LEBEN IN DER FASTENZEIT

Dem Papst schmeckte sie nicht

Schokolade als Fastenspeise

Die Bischöfe von Mexiko waren sich nicht einig, ob man das von den Indios hergestellte Getränk namens Xocoatl, ein braunes bitteres Getränk, das aus Kakaobohnen gemacht wurde, auch in der Fastenzeit trinken dürfe. Da es eher bitter sei und auch keinen Alkohol enthalte, plädierte die Mehrheit der Bischöfe dafür, das Getränk als Fastenspeise zu erlauben. Man entschied sich schließlich dafür, einen Dominikaner, Fra Girolamo di San Vincenzo, nach Rom zu schicken, um den Streitfall dem Heiligen Stuhl vorzulegen.

Mehrere Kardinäle wurden damit befasst. Sie waren allesamt von dem indianischen Gebräu nicht besonders begeistert. Sie kamen übereinstimmend zu dem Urteil, der Papst selbst solle darüber befinden. Papst Pius V. probierte das Getränk, verzog das Gesicht und entschied: „Potus iste non frangit jejunium" – „Dieses Getränk bricht das Fasten nicht". Damit gehört Schokolade seit 1569 zu den erlaubten Fastenspeisen. Freilich hatte das Schokoladengetränk des 16. Jahrhunderts so wenig mit unserer heutigen Schokolade zu tun wie das Bier jener Zeit mit dem heutigen Starkbier zur Fastenzeit. Was Ende des 18. Jahrhunderts Bruder Barnabas von den Paulaner-Mönchen in München gelungen ist, aus einem bitteren Bußtrank ein süffiges Starkbier zu brauen, das gelang den Klosterfrauen in Mexiko mit dem Schokoladengetränk sehr viel früher. Sie kochten eine Mischung aus gerösteten Kakaobohnen, Vanilleschoten und Rohrzucker zusammen.

Der flüssige Brei schmeckte den Schwestern so gut, dass sie ihn beim Chorgebet sogar zur Stärkung in die Kirche mitnahmen. Dies wurde dem zuständigen Bischof hinterbracht, der daraufhin die Oberin um eine Stellungnahme bat. Sie teilte dem Oberhirten mit, dass der von ihnen hergestellte Schokoladenbrei sehr hilfreich bei Magenbeschwerden und auch sonstigen Schwächen sei. Es komme viel seltener vor, daß es einer Schwester beim Chorgebet schlecht werde, außerdem würden viel weniger Schwestern beim Chorgebet fehlen, als dies früher der Fall war. Außerdem stelle sie bei ihren Mitschwestern und sich selbst eine größere Andacht fest. Dies musste auch den Bischof überzeugen, zumal sich die Schwestern auf die Entscheidung von Papst Pius V. berufen konnten. Hätte der Bischof den ominösen Schokoladenbrei jedoch versucht, dann hätte ein Verbot für das süße Naschwerk wohl nicht lange auf sich warten lassen.

Das Rezept der Schwestern, wie man aus einem bitteren Getränk einen wohlschmeckenden Brei macht, ging von Kloster zu Kloster, und es dauerte nicht lange, bis ein Kloster in Guatemala die Idee hatte, den Brei zu festigen, und damit war die Tafelschokolade erfunden. Sie trat ihren Siegeszug an und löste im 17. Jahrhundert erneut einen Streit unter den Theologen aus. Während die Jesuiten keine Probleme mit dem Essen von Schokolade und dem Trinken von Kakao hatten, sahen die Dominikaner hier einige Gefahren lauern. Es wurden ganze Bücher dafür und dagegen geschrieben, bis schließlich Kardinal Brancaccio den Streit zugunsten der Jesuiten und damit zugunsten der Schokolade entschied.

Auch die Schokolade ist ein Geschenk Gottes, an dem man sich freuen darf. Ein wenig hatten freilich auch die Dominikaner Recht, denn wer allzugerne nascht und allzuviel Schokolade isst, der muss es eines Tages büßen. Es ist deshalb sehr empfehlenswert, wenn man in der Fastenzeit nicht zur Schokolade greift. Die Fastenzeit ist schließlich eine Bußzeit, in der man sich einschränken sollte, und dazu gehört der Verzicht auf Dinge, die nicht lebensnotwendig sind. Schokolade darf man ganz sicher zu den nicht lebensnotwendigen Dingen zählen. Manche sprechen von einer „süßen Versuchung". Wer sich allerdings auf Papst Pius V. be-

ruft, der sollte dann auch zu dem Bittertrank greifen, den es damals gab. Ähnliches ließe sich jedoch
auch vom Bier sagen.

Ausmisten ist notwendig

*Die Osterbeichte ist
der Frühjahrsputz der Seele*

Wer kennt das nicht? Das Zimmer müsste dringend einmal richtig aufgeräumt werden. Da muss man nicht nur putzen und abstauben, da müssen auch manche Dinge in den Abfall wandern. Dabei ist es gar nicht so leicht zwischen Dingen, die wichtig sind und die man vielleicht noch brauchen wird, und den Dingen, die entbehrlich sind, zu unterscheiden. „Ausmisten" nennt man diese Aktion, die in der Regel mit dem Frühjahrsputz zusammenfällt.

Der Begriff „ausmisten" stammt aus der Landwirtschaft. Dann und wann kommt es vor, dass ein Bauer, vor allem wenn er alleinstehend ist, vom Ausmisten nicht viel hält und die armen Kühe befinden sich schließlich nach einiger Zeit halbhoch im Mist. Da schreiten dann die Behörden ein und sorgen dafür, dass gründlich ausgemistet wird. Dem Bauern kann in einem solchen Fall sogar die Betriebserlaubnis entzogen werden.

Kein Zweifel, „ausmisten" ist nötig. Ausmisten muss man auch von Zeit zu Zeit sein Herz. Die Kirche sagt sogar: Ein Mal im Jahr ist es die Pflicht eines Christen, sein Inneres auszumisten. Wir sprechen von der Osterbeichte. Natürlich kann man es schieben und wird sich in dem Dreck und Verhau, der sich angesammelt hat, vielleicht sogar wohlfühlen. Aber nur vielleicht, denn wenn wir die Kühe in einem verkommenen Stall betrachten, dann scheint es nur, dass sie sich wohlfühlen, in Wirklichkeit ist es ein krankmachender Zustand. So ist es auch mit der Seele, der man das reinigende Bad der heiligen Beichte vorenthält.

Ein mittelalterlicher Mystiker hat sich einmal Gedanken über den Mist gemacht, den Pferde und Kühe im Stall verursachen. Er sagt, es sei selbstverständlich, dass der Mist weggeschafft wird. Die Verursacher müssen ihn hinaus auf die Felder transportieren. Dort wird der Mist ausgebreitet und er trägt zum Gedeihen der Saat bei. Der Mystiker meint, so ähnlich verhält es sich mit der menschlichen Schuld. Man muss sie hintragen zum Priester, damit er diesen Mist auf den Acker Gottes streut; und Gott lässt den Dünger schließlich seinen Beitrag leisten, damit das Feld reiche Frucht trägt. Menschliches Versagen kann unter dem Beistand Gottes und mit seiner Hilfe zum Segen werden.

Wieviel Mist ist schon produziert worden, der sich im Nachhinein unter Gottes gnädigem Beistand als besonders fruchtbar erwiesen hat. Ein Beispiel ist das Ordensverbot des Reichskanzlers

Fürst Bismarck im Rahmen der Kulturgesetze Ende des 19. Jahrhunderts. Eine ganze Reihe von Orden sind damals in andere Länder abgewandert, vor allem nach Amerika, und wurden blühende Gemeinschaften. Ausmisten ist notwendig, das trifft vor allem auf die Seele zu. In der heiligen Beichte geschieht das auf großherzige Weise. Legen wir den Mist, den wir gebaut haben, Gott zu Füßen, damit er ihn fruchtbar werden lassen kann.

Und am Freitag Fisch

Die Kost der Armen

Immer wieder taucht die Frage auf: Warum sollen wir am Freitag auf Fleisch und Wurst verzichten, aber Fische darf man essen? Ist Fisch etwa nicht Fleisch? Schmeckt nicht eine Forelle köstlicher als ein Schnitzel? Ein erster Grund liegt darin, dass in Israel Fische ein Grundnahrungsmittel waren. Das gilt auch für viele Länder des Mittelmeerraumes. Fische sind billig. Fische kann sich jeder leisten. Fische kommen auf den Tisch der armen Leute. Fleisch konnten sich in vergangenen Zeiten nur die reichen Leute leisten. Die Armen aßen nur ganz selten Fleisch. Das war ein Festtagsessen. Wer am Freitag Fisch isst, solidarisiert sich mit den Armen dieser Welt.

Ein weiterer Grund, dass katholische Christen am Freitag Fische essen dürfen, aber auf Fleisch und Wurst verzichten sollen, liegt darin, dass Jesus bei der wunderbaren Brotvermehrung nicht nur fünf Brote gesegnet hat, sondern auch zwei Fische. Nach seiner Auferstehung erleben wir Jesus am See von Genesareth. Dort isst er mit den Jüngern gebratenen Fisch. Fischer hat er allen anderen voran zu seinen Aposteln berufen und dem

Fischer Simon, dem er den Beinamen Petrus gab, hat er schließlich seine Kirche anvertraut. Jesus fährt mit den Fischern auf den See. Er erlebt die Gefahren, denen sie ausgesetzt sind. Er erlebt die Enttäuschung, wenn sie umsonst die ganze Nacht gearbeitet haben. Er fühlt mit seinen Aposteln, mit ihren Ängsten, mit ihren Sorgen. Er lässt sie dies auch spüren und erfahren.

Es gibt noch einen Grund, warum man am Freitag Fische essen darf, aber auf Fleisch und Wurst verzichtet. Der Fisch gehört zu den frühesten Symbolen der Christenheit. In den Katakomben, den unterirdischen Grabanlagen in Rom, kann man auf Sarkophagen den Fisch entdecken. Der Fisch war für die Christen zum Glaubenssymbol geworden. In wenigen Buchstaben, einer Art Geheimcode, den nur Christen verstanden, drückten sie ihren Glauben aus. „Ichthys" – fünf griechische Buchstaben – ergaben das Wort „Fisch". Christen wussten, was das bedeutet: „Jesus Christus, Gottes Sohn, Erlöser". Christen glauben, dass Jesus der Messias, der Christus, ist. Die Juden warten immer noch auf die Ankunft des Messias, während für Christen der Messias in Jesus die Welt betreten hat. Jesus ist aber nicht nur der Messias, er ist Gottes eingeborener Sohn. Ihn hat Gott in die Welt gesandt, um die Botschaft von der Liebe Gottes zu verkünden. Die Liebe Gottes erreicht in der Hingabe Jesu am Kreuz ihren Höhepunkt. Hier vergießt er sein Blut für die Rettung der Menschen und für das Heil der Welt. Er wird zum Erlöser. Das ist christlicher Glaube zusammengefasst in fünf Buchstaben, die das griechische Wort Ichthys ergeben: „Iēsous Christós Theoú Hyiós Sōtér" und da dieses Wort „Fisch" bedeutet, wurde der Fisch zum Christussymbol.

Weil der Freitag der Tag des Kreuzestodes Jesu ist, an dem wir dankbar an unsere Erlösung denken, war es nahliegend, an diesem Tag Fisch zu essen, denn es bedeutet nicht nur Solidarität mit den Armen, sondern auch Bekenntnis zum christlichen Glauben. Heute weiß man darüber hinaus, dass Fische im Ernährungshaushalt des Menschen wichtig sind. Es wird deshalb empfohlen, wenigstens ein Mal in der Woche Fische zu essen, da sie eine Reihe von Substanzen enthalten, die für die Gesundheit des Menschen von Bedeutung sind. Das Freitagsgebot der katholischen Kirche hat also nicht nur einen Grund, sondern viele Gründe, die erkennen lassen, dass es sinnvoll ist, am Freitag auf Fleisch und Wurst zu verzichten.

Zeit für den Osterputz

Die biblischen Wurzeln
des Großreinemachens

Halte Ordnung, liebe sie, denn sie erspart dir Zeit und Müh." Wie oft hat man sich diesen Spruch schon vorgesagt, vor allem immer dann, wenn etwas verzweifelt gesucht wird. Zwar weiß man, dass das Haus nichts verliert, aber das ist wenig tröstlich, denn der Schlüssel wird jetzt gebraucht und nicht erst morgen oder in vier Wochen. Der Frühjahrsputz hat manchen Hausfrauen schon zu den schönsten Erfolgserlebnissen verholfen. Längst verloren Geglaubtes taucht an Orten auf, die man bei der Suchaktion gar nicht in Betracht gezogen hat.

Der Frühjahrsputz vor Ostern gehört zum Jahresablauf wie das Plätzchenbacken vor Weihnachten, deshalb spricht man auch vom „Osterputz". Die Betten müssen an die frische Luft, der Kühlschrank wird geleert, und in der Gefriertruhe wird Ordnung geschaffen. Die Speisekammer wird von der Aufräumaktion ebensowenig verschont wie das Wohnzimmer. Im Schlafzimmer kommen nicht nur die Betten dran, sondern auch der Kleiderschrank. Die Wintersachen werden verräumt und die luftigeren Sachen treten an ihre Stelle. Man könnte meinen, die Küche bleibe bei der großen Putzaktion verschont, denn hier wird tagtäglich gespült und sauber gemacht, aber nein, auch hier waltet die tüchtige Hausfrau. Das ganze Geschirr muss heraus, und alles kommt wieder blitzblank in den neu ausgelegten Küchenschrank zurück.

Der Osterputz hat religiöse Wurzeln. Bei den Anweisungen zur Feier des Paschafestes, das alljährlich von den Juden zur Erinnerung an den Auszug aus Ägypten begangen wird, heißt es: „Sieben Tage lang sollt ihr ungesäuertes Brot essen. Gleich am ersten Tag schafft den Sauerteig aus euren Häusern. Denn jeder, der zwischen dem ersten und dem siebten Tag gesäuertes isst, soll aus Israel ausgemerzt werden" (Ex 12,15–19). Es wird dann noch hinzugefügt: „Überall, wo ihr wohnt, sollt ihr ungesäuerte Brote essen" (Ex 13,7). So halten es die Juden bis zum heutigen Tag. Sie drehen das ganze Haus um, damit nur ja kein Krümelchen Brot zurückbleiben kann. Wer dies nicht tut, der stellt sich selbst außerhalb der Volks- und Glaubensgemeinschaft. Paulus greift den Gedanken des Pascha-Putzes im Ersten Brief an die Korinther auf. Er schreibt: „Schafft den alten Sauerteig weg, damit ihr ein neuer Teig seid. Ihr seid ja schon ungesäuertes Brot; denn als unser Paschalamm ist Christus geopfert worden. Lasst uns also das Fest nicht mit dem alten Sauerteig feiern, nicht mit dem Sauerteig der Bosheit und Schlechtigkeit, sondern mit den ungesäuerten Broten der Aufrichtigkeit und Wahrheit" (1 Kor 5,6–8). Paulus meint, es genüge nicht, nur darauf zu achten, dass im Haus kein altes Brot zurückbleibt, man müsse vielmehr die Seele von allem Bösen, das sich im Lauf des Jahres eingenistet hat, reinigen.

Der Osterputz des Hauses ist also genauso notwendig und wichtig wie der Osterputz der Seele. Paulus spricht von der Bosheit und Schlechtigkeit, die sich im Herzen eingenistet hat und die man entfernen muss. Der Osterputz der Seele geschieht in der Osterbeichte. Den Osterputz des Hauses übernehmen die Frauen. Dann und wann werden sie von den Männern unterstützt, wie beim Transport der Teppiche. Für alle Arbeiten lassen sich die Männer nicht einspannen, weniger weil sie nicht wollen, als vielmehr weil man an ihren Fähigkeiten zweifelt. Bei der Osterbeichte ist es anders. Da gibt es keine Unterschiede der Geschlechter. Da sind alle aufgerufen. Die Arbeit kann einem kein anderer abnehmen. Jeder muss sich selbst daran machen, den alten Sauerteig der Bosheit und Schlechtigkeit hinauszuschaffen. Wer es tut, kann wieder freier atmen.

Nach dem Osterputz hat man das Gefühl, dass wieder Ordnung herrscht. So hart die Arbeit manchmal sein kann, am Ende steht ein großes

Glücksgefühl. Dies und jenes landet im Mülleimer, anderes hat man endlich wieder gefunden. Ist es nicht seltsam, dass Kinder und Jugendliche, die größte Schwierigkeiten mit dem Aufräumen haben, als Erwachsene im Frühjahr sich gleichfalls von der Sehnsucht nach einem umfangreichen Großreinemachen anstecken lassen? Das kann nicht nur am Frühjahr liegen, das muss tiefere Gründe haben. Ostern strahlt stärker in unser Leben als es mancher wahrhaben will.

Das Wappentier der Fastenzeit

Schnecken als Fastenspeise

Während heute Weinbergschnecken zu den besonderen Leckerbissen in den Feinschmekkerlokalen zählen, galten sie früher als das Fleisch der armen Leute. Man wurde davon nicht satt, aber man hatte seiner Zunge und seinem Gaumen etwas besonderes vermittelt. Die Kapuziner, die sich der Armutsregel des heiligen Franziskus in ihrer ganzen Strenge verpflichtet fühlen, hatten in ihrem Klostergarten immer eine Ecke, in der sie Schnecken züchteten, die dann in der Fastenzeit auf den Tisch kamen.

Es war auch ein Kapuziner, der die Schnecke als das „Wappentier der Fastenzeit" bezeichnete und eine Fastenpredigt hielt, in der er die Schnecke den Hörern als Vorbild für ihr Verhalten in der Fastenzeit hinstellte. Von der Schnecke kann man nämlich lernen, dass man mit Wenigem auskommen kann. Die Schnecke lebt von Grünzeug, von Gräsern und Salaten. Gerade die Fastenzeit sollte den Menschen veranlassen, sich einzuschränken und zu verzichten. Das heißt nicht vierzig Tage nur von Salattellern leben, denn man ist ja keine Schnecke, aber doch bescheidener zu leben.

Kennzeichnend für die Schnecke ist ihr Haus. In dieses Haus zieht sie sich immer wieder zurück. Das wäre auch für den Menschen in der Fastenzeit von Bedeutung, dass er die Stille sucht und sich zurückzieht. Es muss das Radio nicht ständig laufen. Der Fernseher verträgt auch eine Pause. Der Computer kann heruntergefahren werden. Ganz für sich sein, ganz still werden, dann wird man wieder hellhöriger für andere Dinge, wird sogar den Anruf Gottes hören. Die Stille öffnet hin zu Gott, aber man erfährt auch sich selbst neu.

Würden Schnecken ihr Haus nicht verlassen, dann würden sie verenden. Auch der Mensch darf sich nicht einkapseln. Er braucht den Kontakt. Er braucht den Mitmenschen. Er muss sein Haus verlassen, sich auf einen anderen zubewegen. Die Schnecke macht dies mit gebotener Vorsicht. Sie streckt ihre Fühler aus, um zu erkennen, ob sie willkommen ist. Hat sie den Eindruck, dass hier Gefahr droht, zieht sie sich wieder in ihr Haus zurück. Die Fastenzeit soll uns das Gefühl für den Mitmenschen und seine Nöte neu erschließen. Es besteht natürlich die Gefahr, ausgenützt zu werden. Dies wird allerdings eher selten der Fall sein.

Schnecken übereilen nichts. Sie sind ein Muster an Geduld. Auch darin können sie uns Menschen ein Vorbild sein. Zwar sollten wir nicht im Schneckentempo mit dem Auto unterwegs sein, denn dann zwingen wir andere zu mehr oder weniger riskanten Überholmanövern, aber den Fuß nicht ständig auf dem Gaspedal zu haben, wäre schon einen Fastenvorsatz wert. Geduld haben sollten wir mit uns und mit anderen. Das würde den Blutdruck senken und unsere Beherrschung steigern. Bekanntlich kommt man langsam auch zum Ziel. Schnecken sind berühmt für ihre Langsamkeit, aber auch für ihre Zielstrebigkeit, gerade letzteres sollten wir von ihnen lernen. Wenn unser Ziel der Himmel ist, dann gilt es dieses Ziel ganz fest im Auge zu behalten, auch wenn es noch so viele Abstürze und Umwege kostet.

Noch vieles mehr könnte man von den Schnecken lernen, eines jedenfalls gewiss;: dass alles seine Zeit braucht, so auch die Verwirklichung von guten Vorsätzen. Aber anfangen sollte man.

Abnehmen wollen alle

Die Waage als Begleiterin

Mit dem Aschermittwoch beginnt die Fastenzeit. Viele wollen die Wochen der Vorbereitung auf Ostern nützen, um ein paar Pfunde, die man seit der Advents- und Weihnachtszeit, zuletzt noch in der Faschingszeit zugelegt hat, wieder loszuwerden. Ihr Vorbild ist Johannes der Täufer, der von sich sagte: „Ich muss abnehmen", aber er fügte hinzu: „Er aber, nämlich Jesus, muss zunehmen" (Joh 3,30). Christlich verstandene Fastenzeit ist also mehr als nur eine Abmagerungskur, sie will den Menschen erneuern und den Blick auf Gott richten.

Während sämtliche Zeitungen, Zeitschriften und sonstigen Ratgeber uns seit Oktober mit kalorienreichen Rezepten verlockt haben, stehen nun Diätkuren auf ihrem Programm, die allesamt das Traumgewicht verheißen. Ich muss abnehmen, das ist der allgemeine Wille, eine Stimmung, die alle mitreißt. Obsttage wechseln mit Gemüsetagen. Fleisch und Wurst werden nur mit schlechtem Gewissen aufgetischt. Johannes der Täufer, der hagere Bußprediger vom Jordan, mit seinem abwechslungsreichen Speisezettel von Heuschrecken und wildem Honig, wollte keine Zeit mit Kochen und Spülen, mit langen Mahlzeiten vergeuden. Er wollte ganz für Gott da sein. Er wollte beten. Die Gottvergessenheit seiner Mitmenschen trieb ihn dazu, dass er zu predigen anfing. Sein Thema war freilich nicht das Übergewicht, sondern die Sünde. Ihm ging es nicht um das Abnehmen von überflüssigen Pfunden, ihm ging es um das Loswerden von Schuld. Aus diesem Grund hat er die Dinge beim Namen genannt. Seine Worte waren nicht besonders diplomatisch. Er legte sie nicht auf die Goldwaage. Er wollte aufrütteln. Er wollte die Menschen zur Besinnung bringen, damit sie ihr Leben änderten. Nicht Fastenkuren verändern das Leben, sondern die Radikalkur einer Lebensbeichte. Das machte Johannes der Täufer deutlich.

Für viele ist in der Fastenzeit nichts wichtiger als die Waage. Jeden Morgen, jeden Abend wird das Gewicht kontrolliert. Ein Glücksgefühl stellt sich ein, wenn die Waage ein Pfund weniger anzeigt, und Niedergeschlagenheit breitet sich aus, wenn das Gewicht eher nach oben gegangen ist. Manche kontrollieren nicht nur ständig ihr Gewicht, sie achten auch beim Essen auf jedes Gramm, und wieder benötigen sie die Waage, um den Diätplan genau einhalten zu können. Johannes der Täufer kannte noch keine digitale Waage, und er hätte sie auch nicht benötigt, denn für ihn waren seine

Schönheit und sein Gewicht völlig nebensächlich. Für ihn spielte eine andere Waage eine Rolle, die heute viele gar nicht mehr kennen. Es ist die Seelenwaage. Die Seelenwaage registriert alles Gute, das ein Mensch tut, aber ebenso alles Böse. Am Ende des Lebens werden die guten und die bösen Taten gegeneinander abgewogen. Je nachdem was überwiegt, wird das Dasein in der Ewigkeit bestimmen. Sollte man nicht in der Fastenzeit die Seelenwaage wieder aus der Rumpelkammer holen, in die sie verbannt worden ist? So wie man sich am Morgen auf die Waage stellt, um sein Gewicht zu kontrollieren, sollte man seine Seele am Morgen auf die Seelenwaage legen und die guten Vorsätze erneuern, die man für diese Fastenzeit gemacht hat. Abends geschieht dann das gleiche. Die Digitalwaage zeigt das Gewicht an, während die Seelenwaage Rückschau auf den Tag hält. Nicht immer wird das Gute überwiegen, aber alles Gute zählt. Leider Gottes auch das, was Versagen und Schuld anlangt. Manche bringen beide Waagen durcheinander. Sie sprechen von Sünde, wenn sie ein Stück Kuchen essen, statt dankbar dafür zu sein, dass es ihnen schmeckt. Sie sprechen aber nicht von Sünde, wenn sie andere Leute schlecht machen. Wenn die Seelenwaage nicht mehr funktioniert, bedarf sie ebenso der Reparatur wie eine Digitalwaage, die kein Gewicht mehr anzeigt. Für die Seelenwaage gibt es nur eine Reparaturwerkstatt, das ist die persönliche Beichte. Nicht umsonst gehört in die Fastenzeit die Osterbeichte. Wie sagt Johannes der Täufer: „Ich muss abnehmen, er aber zunehmen." Vieles sollte abnehmen, aber zunehmen sollte die Liebe zu Gott und zum Mitmenschen.

Von Suppe kann man leben

Eine Speise für Bettler und Könige

Wenn von Fastenspeisen die Rede ist, gehört immer die Suppe dazu. Wenn auch Fleisch und Wurst vom Speisezettel gestrichen wurden, auf die Suppe wurde nicht verzichtet. Freilich, Suppe ist nicht gleich Suppe. Da gibt es die einfache „Wasserschnalze", auf der kein einziges Fettauge schwimmt und die höchstens durch ein wenig Brot schmackhafter gemacht wird, da gibt es aber auch die „schwäbische Hochzeitssuppe" mit Brät- und Leberknödeln, die alles andere als eine Fastenspeise ist. Wer diese Festtagssuppe gegessen hat, der könnte auf weitere Speisen verzichten, so kräftig und nahrhaft ist eine solche Suppe.

Für einen Napf Suppe sind deutsche Kriegsgefangene in Russland und nicht nur dort stundenlang angestanden. Die Graupensuppe oder was es sonst gab, bedeutete wenigstens etwas Warmes im Magen. Es half den Hunger lindern, unter dem die meisten Kriegsgefangenen zu leiden hatten. Vinzenz von Paul hat im 17. Jahrhundert in Paris Armenküchen gegründet. Hier konnten arme Leute täglich eine warme Mahlzeit, eine Suppe, erhalten. Dies half ihnen zu überleben. Ein Teller Suppe und ein Stück Brot wurde als Köstlichkeit empfunden. An der Klosterpforte, so nicht nur beim Bruder Konrad in Altötting oder der heiligen Kreszentia in Kaufbeuren, haben die Bettler von jeher eine warme Mahlzeit erhalten und dazu gehörte immer die Suppe.

Wer ausgehungert ist, weiß einen Teller Suppe zu schätzen. Wer ausgekühlt ist, den wärmt eine heiße Suppe wieder auf. Als Esau müde und abgekämpft von der Jagd heimkam, war er völlig erschöpft. Den ganzen Tag war er durch Wald und Flur gestreift, aber nichts konnte er erlegen. Ausgehungert und erschöpft kam er heim. Als er die wohlige Wärme des Hauses betrat, duftete es von der Küche her nach Linsensuppe, seiner Leibspeise. Sein Bruder Jakob hatte einen ganzen Topf voll gekocht. Die Niedergeschlagenheit Esaus war bei diesem Duft und Anblick wie weggeblasen. Sofort wollte er sich ans Essen machen, aber der Bruder hatte nicht die Absicht zu teilen. Jakob schlug einen Handel vor: „Gibst du mir das Erstgeburtsrecht, bekommst du die ganze Suppe." Sie waren Zwillinge, Jakob war nur wenig später zur Welt gekommen. Jetzt sah er eine Chance, die Vorrechte des Erstgeborenen billig einzuhandeln. Esau dachte nur an die Linsensuppe und seinen Hunger: „Du kannst das Erstgeburtsrecht haben", sagte er zu seinem Bruder. Es war ein schlechter Handel. Esau hat die Folgen nicht bedacht. Die Suppe wurde ihm zum Verhängnis. Der Bruder rückte an die erste Stelle (Gen 25,29–34). Es ist ein Musterbeispiel dafür, dass man aus Kurzsichtigkeit viel aufs Spiel setzen kann. Für nicht wenige spielt die Ewigkeit, der Himmel, eine ähnliche Rolle wie das Erstgeburtsrecht. Sie handeln sich alles mögliche ein, was sie für Glück halten, und stehen am Ende mit leeren Händen da.

Die Suppe gibt es nachweislich seit 7000 Jahren. Sie gehört zu den Grundnahrungsmitteln. Von der Blutsuppe der Spartaner wird gesagt, dass sie den Kampfgeist der Spartaner gestärkt habe. Der Arzt Galenus († 199) verordnete den Kranken Suppen zur Kräftigung. Ein anderer Arzt, Eugen van Vaerst († 1855) verordnete Suppen: „nach Erkältungen, bei nervösem Magen oder Kopfweh". Bei König Ludwig XIV. von Frankreich († 1715) begann jedes Mittagessen mit einer Suppe. Darauf legte der König Wert. Ein französisches Kochbuch dieser Zeit widmet von 380 Kochrezepten ein Drittel den verschiedenartigen Suppen. Die Suppe gehörte nicht nur am königlichen Hof von Frankreich zur Hauptmahlzeit, sondern landauf landab. Die Suppe wurde erst in jüngster Zeit als „Dickmacher" verschrieen, und manche Leute verzichten auf die Suppe, um ihr Gewicht zu reduzieren. Hier wird am falschen Platz gespart. Man sollte die wirklichen Dickmacher meiden, aber auf die Suppe zu verzichten ist ein Fehler, das gibt uns die Geschichte vom Suppenkaspar im „Struwwelpeter" zu verstehen. Da heißt es von dem Buben, der sich weigerte seine Suppe zu essen, sehr drastisch: „Am vierten Tage endlich gar der Kaspar wie ein Fädchen war. Er wog vielleicht ein halbes Lot – und war am fünften Tage tot." Das ist nicht im Sinn der Fastenzeit. Mit Suppe wird man die Fastenzeit, sofern man sie ernst nimmt, überleben.

Das Bier und die Fastenzeit

Als das Bier noch ein Bußgetränk war

Die orthodoxe Kirche kennt einen allmählichen Übergang zur Fastenzeit. Zuerst wird angekündigt, dass es ab kommende Woche kein Fleisch mehr gibt, dann verschwinden bis Ostern Butter, Käse und Eier vom Speisezettel. Die katholische Kirche kennt diese Einstimmung auf die Fastenzeit nicht mehr, aber das Fasten wurde bis ins 15. Jahrhundert wie in der Ostkirche gehalten.

Eine erste Lockerung erfolgte 1491. Wenige Jahre später erteilte Papst Julius III. 1552 allen Gläubigen die Erlaubnis, Butter, Käse, Öl, Eier und Milch in der Fastenzeit zu essen. Der Einfluss der Reformation mag bei dieser Erleichterung eine Rolle gespielt haben. Einige Jahrzehnte früher war der heilige Franz von Paula († 1507) in dieser Frage ganz anderer Meinung. Er wollte keine Erleichterung des Fastens, sondern eine Verschärfung. Er wollte das strenge Fasten auf das ganze Jahr ausdehnen. Der Franziskanerorden, dem er angehörte, sollte in dieser Weise reformiert werden. So wurden die Paulaner, der Ordo Minimorum (Orden der Mindesten Brüder), ein weiterer Zweig innerhalb der franziskanischen Bewegung.

Diesen Orden rief Kurfürst Maximilian 1627 nach München. Er hatte gerade eine große Enttäuschung hinter sich, denn Mönche des ostkirchlichen Ritus, denen er in der Au (wie der heutige Stadtteil von München noch heißt) eine Kirche zur Verfügung gestellt hatte, riefen mit ihrem lockeren Lebenswandel bei den Gläubigen Empörung hervor. Sie mussten München verlassen. Von den Paulanern hörte er nur Gutes. Ihre Anspruchslosigkeit war ebenso bekannt wie ihr seelsorglicher Eifer.

Für die aus Italien stammenden Ordensleute tat sich eine neue Welt auf. Im ersten Jahr ihres Aufenthaltes in Bayern wären sie fast erfroren. Sie begannen zu verstehen, warum ihre Vorgänger, die Basilianermönche, sich lieber in den Wirtshäusern als im Kloster aufgehalten haben. Die kärgliche Ernährung der Paulaner trug nicht gerade dazu bei, den Körper zu erwärmen. Da machten sie eine Entdeckung. Der Kurfürst hatte ihnen die Erlaubnis gegeben, Bier zum Hausgebrauch zu brauen. Einer der Brüder ließ sich von einem Wirt in die Geheimnisse der Braukunst einweihen. Bislang vermissten sie den ihnen von zu Hause her gewohnten Wein, nun stellten sie fest, dass ein Schluck Bier auch wohltuende Wirkung für den Körper haben kann.

Alljährlich zum Fest ihres Ordensvaters Franz von Paula am 2. April luden sie den Kurfürst in die Au ein. Im Anschluss an den Gottesdienst wurde

dem Landesvater ein Krug vom selber gebrauten
Bier vorgesetzt. Dies geschah mit den Worten:
„Salve pater patriae. Bibas, princeps optime." –
„Sei gegrüßt, Vater des Vaterlandes! Trink, bester
Fürst!"

Den Paulanern war es, wie allen anderen Klöstern, nicht erlaubt, Bier auszuschenken und über
die Straße zu verkaufen. So ganz genau hielten sich
die Ordensleute an dieses Verbot nicht. Die kur-
fürstliche Regierung hat wohl ein paar Augen zu-
gedrückt. Ärger gab es allerdings, als man das Bier
einen Pfennig billiger hergab als die Wirte und gar
noch besser einschenkte. Als 1714 das Brauhaus ab-
brannte, bauten die Paulaner eine neue große und
gut eingerichtete Brauerei. Jetzt konnten sie nicht
mehr behaupten, sie würden nur für den Hausgebrauch und ein paar Wohltäter brauen. Kurfürst
Karl Theodor machte den fortdauernden Anzeigen
ein Ende, indem er 1780 dem Kloster einen unbe-
schränkten Bierausschank erlaubte.

Da das Fest des Ordensvaters manchmal sehr un-
günstig in die Karwoche fiel und man nicht gerade am Karfreitag dem Kurfürsten das neugebraute
Starkbier kredenzen konnte, suchte man nach einem früheren Zeitpunkt. So kam es zum Termin
um den Josefstag. Der Doppelbock, der wie Öl die
Kehle hinunterfloß, soll die ersten Jahre äußerst
bitter geschmeckt haben und dadurch in den Ruf

eines echten Fastenbieres gelangt sein. Man nannte es „Heilig Vater Öl" und schließlich „Salvator".

Die Paulaner hielten sich nach wie vor streng an ihre Ordensregeln, die ihnen weder Fleisch noch Butter erlaubten, sondern nur Öl, Kräuter, Teig und Fische. Vom Bier war in der Ordensregel nicht die Rede. Südländer hielten es für ein ausgesprochenes Bußgetränk und fanden daran nichts zu beanstanden. Auf diese Weise wurde das Bier zum Fastengetränk, denn für die Paulaner war das ganze Jahr Fastenzeit.

Im Klostersturm der Säkularisation ging auch das Kloster der Paulaner unter. Ihre Brauerei aber hat sich erhalten. Der letzte Braumeister, der legendäre Bruder Barnabas, der dem Doppelbock seinen bitteren Geschmack zu nehmen wusste, ersteht jedes Jahr neu, um auf dem Nockherberg im Münchner Stadtteil Au mitten in der Fastenzeit dem Landesvater den Krug mit dem neugebrauten Bier zu kredenzen, nachdem er der festlichen Versammlung zuvor eine kräftige Fastenpredigt gehalten hat.

DAS BEKENNTNIS DER BUSSPSALMEN

Langlebiger als jeder Schlager

Die Bußpsalmen

Das Kennzeichen des Schlagers ist seine Kurzlebigkeit. Ein paar Wochen steht er in den Hitlisten, dann kommt ein anderer Schlager und verdrängt ihn. Nur wenige Schlager werden zu Evergreens, zu Liedern, die auch noch nach 30 oder 50 Jahren in den Wunschkonzerten von Radio und Fernsehen gewünscht werden und ans Herz rühren. Besaß früher jeder einen Schatz an Volksliedern, die jederzeit in froher Runde gesungen werden konnten, verfügt die junge Generation eher über CDs und andere Tonträger, die sie je nach Stimmungslage abspielen kann. Wirklich gesungen wird eigentlich nur noch in der Kirche, aber auch hier wird man feststellen, dass es Lieder gibt, die von allen gerne gesungen werden und andere Lieder, die nur eine bestimmte Generation ansprechen. Dabei kann es durchaus sein, dass ein Lied aus dem 16. Jahrhundert lieber gesungen wird als ein Lied aus dem 20. Jahrhundert. Manche Lieder sind eben zeitlos, das sieht man an den Psalmen.

Die Psalmen sind alttestamentliche Lieder, die dem König David, dem Sänger und Harfenspieler, zugeschrieben werden. David war nicht immer nach Singen zumute. Er sollte König Saul mit seinem Harfenspiel und seinem Gesang aus seiner Schwermut helfen. Nicht immer gelang ihm das. Manchmal litt er furchtbare Ängste, denn der König war unberechenbar geworden. Mehr als einmal schleuderte Saul den Speer nach ihm, denn er war eifersüchtig auf den vielseitig begabten David. Um dem Tod zu entgehen, verließ David den König. Saul verfolgte ihn und den Trupp, der sich David angeschlossen hatte. Gewiss keine Zeit zum Singen und Musizieren, trotzdem hat David auch in diesen Nöten zur Harfe gegriffen und Gott sein Leid geklagt Und seine Hoffnungen ausgedrückt. Die tiefste Niedergeschlagenheit erfasste David, als er zum Ehebrecher und Mörder geworden war. Der Prophet Nathan redete ihm ins Gewissen. David bekannte sich zu seiner Schuld. Er bereute sie und klagte sich an. Er tat dies nicht stumm, sondern er schrie seine Treulosigkeit Gott gegenüber hinaus in die Welt. Gottes Liebe und Barmherzigkeit wollte er wieder gewinnen.

Den Tod des Sohnes, der aus der ehebrecherischen Beziehung hervorgegangen war, beklagte er und empfand ihn als Gottes Strafe für seine Schuld. Aber auch den Aufstand Absaloms gegen den eigenen Vater sah er als Folge seiner eigenen Missetaten an. David wollte dafür sühnen.

Er wollte büßen. Die Bußpsalmen sind Ausdruck seiner Bereitschaft umzukehren. In ihnen ist alles enthalten, was zu echter Buße gehört. Es ist die Besinnung, bei der das Gewissen erforscht wird. Es ist die Reue, in der die Größe der Schuld einem vor Augen steht und es einem leid tut, Gott beleidigt zu haben. Die Liebe zu Gott und die Angst vor Gottes Strafe sind auch für David Motive der Reue. Gleichzeitig beteuert er, in Zukunft anders leben zu wollen. Der gute Vorsatz gehört immer zu einer wahren Reue. Schuld muss ausgesprochen werden. Das Bekenntnis führt zur inneren Befreiung. Daran führt auch für David kein Weg vorbei. Büßen wollte David für seine Schuld. Alle Schicksalsschläge empfand er als wohlverdiente Strafe und gleichzeitig nahm er sie an als Sühne für seine Sünden. Diese Gesinnung kommt in den sieben Bußpsalmen zum Ausdruck. Es war der Kirchenvater Cassiodorus, der herausfand, dass genau sieben Psalmen das Thema der Buße innerhalb der 150 Psalmen besonders ansprechen. Die Zahl sieben ist immer als eine Zahl der Vollkommenheit verstanden worden. So ist auch die Zahl sieben bei den Bußpsalmen ein Symbol für die völlige Abwendung von aller Sünde und gleichzeitig die völlige Hinwendung zu Gott. Es handelt sich dabei um folgende Psalmen: Psalm 6, 32, 38, 51, 102, 130 und 143.

Die Liturgie hat diese Psalmen bei der Erteilung der Niederen Weihen verwendet und sieht sie als Gebete bei der Spendung der Krankensalbung vor. Der heilige Bischof und Kirchenlehrer Augustinus ließ die Texte bei seinem Sterben an seinem Bett anbringen, damit seine Augen sich ihnen zuwandten, mehr aber noch sein Herz. Auch Kaiser Karl V. betete im Kloster San Juste, wohin er sich nach seiner Abdankung zurückgezogen hatte, Tag für Tag die Bußpsalmen zur Vorbereitung auf seinen Tod. Die Bußpsalmen bieten sich für die Fastenzeit zu Gebet und Meditation an, um sich auf die österlichen Geheimnisse vorzubereiten.

Der Mensch ist schwach

Gedanken zum Psalm 6

Die Kirche der ersten Jahrhunderte kannte den Stand der Büßer. Es waren Gläubige, die in der Zeit der Verfolgung vom Glauben abgefallen waren. Sie hatten nicht die Kraft gehabt, Jesus angesichts von Folter und Tod die Treue zu halten. Zum Stand der Büßer gehörten Christen, die ihre Sklaven misshandelt hatten. Zu den Büßern zählten auch die Ehebrecher. Den Seitensprung zählte man nicht zu den Kavaliersdelikten. Buße musste öffentlich getan werden, wie auch solche Sünden vor der ganzen Gemeinde bekannt werden mussten. Büßer waren von der Eucharistie ausgeschlossen. Nach der Predigt und den Fürbitten verließen sie den Gottesdienstraum, um in Stille zu beten und ihre Sünde zu beweinen. Psalm 6 gehörte zu den Lieblingspsalmen der Büßer.

Man war sich bewusst, dass man durch seine Sünde Gott beleidigt und dadurch auch der Gemeinde geschadet hat. Der Büßer stellt sich Gott nicht als einen Übervater vor, der alles schnell verzeiht, sondern als den Richter, der einen schuldig spricht und der hart straft. Die Liebe Gottes wurde durch die Schuld verletzt, dies kann doch nur Zorn und Grimm zur Folge haben. Er bittet nun inständig: „Herr, o sprich mich nicht schuldig in deinem Zorn, strafe mich nicht in deinem Grimm" (V. 2). Er fühlt sich ganz und gar auf Gottes Erbarmen angewiesen. Zu seiner Entschuldigung führt er an: „ich bin schwach" (V. 3). Auch Jesus weist auf die menschliche Schwachheit hin: „Der Geist ist zwar willig, aber das Fleisch ist schwach" (Mt 26,41). Diese Entschuldigung kann jeder Sünder vorbringen. Wird er aber auch die Bitte aussprechen, die der Psalmist ausspricht: „Heile mich, Herr!" (V. 3)? Das würde heißen: Ich überlasse mich dir, o Gott, ganz. Mache mit mir, was du willst, aber mache mich wieder heil.

Die Sünde erfasst den ganzen Menschen nicht nur zu einem Teil. Die Seele ist erschüttert und ebenso der Leib. Aus diesem Dunkel, das dem Tod gleicht, möchte der Büßer gerettet werden. Er fleht um Gnade. Er bittet um Rettung. Er sieht den Tod vor Augen. Er meint, Gott könne doch seinen Tod nicht wollen, denn ein Toter könne Gott nicht preisen. Für den Psalmisten ist der Tod ein Hinuntersteigen in die Unterwelt, in das Reich der Schatten. Die Jenseitsvorstellung ist noch recht dunkel. Sie wird erst durch Jesus aufgehellt. Durch sein Kreuz und seine Auferstehung öffnet Christus den Himmel und damit dürfen auch jene, die uns im Tod vorausgegangen sind, mit den Engeln in den Lobpreis Gottes einstimmen.

Der Büßer sieht seine Lage. Er fühlt sich verstoßen. Er kann nur über seine trostlose Lage Tag und Nacht weinen. Er fühlt sich von lauter Feinden umgeben, von Menschen, die ihm nur Übles wollen. Von Menschen kann er nichts erwarten. All seine Hoffnung setzt er allein auf Gott. Er spürt, dass Gott sein Flehen annimmt und seine Gebet erhört. Im Tiefsten ist er sich sicher, dass Gott ihm sein Versagen, seine Sünde und Schuld verzeiht. Es erfüllt ihn mit Genugtuung, dass dies seine Gegner ärgert. Sie hätten ihm Tod und Untergang gewünscht, jetzt sollen sie sich schämen, dass sie kein Erbarmen, kein gutes Wort für ihn hatten. Der Büßer setzt auf Gott, das wird ihm zur Rettung. Der Büßer fleht um Gottes Erbarmen, es wird ihm geschenkt. Der Büßer hofft auf Gottes Gnade, sie wird ihm gewährt. Bei allem Schmerz, den der Psalmist empfindet, er bleibt nicht ohne Trost.

Die Büßer der frühen Kirche mussten oft lange warten, bis ihnen von der Kirche die Wiederzulassung zu Eucharistiefeier und den Sakramenten gewährt wurde, aber im Beten der Bußpsalmen erfuhren sie Trost und ebenso im fürbittenden Gebet der Gemeinde. Ist in dieser Haltung nicht auch ein Weg aufgezeigt, der heute für Menschen begehbar wäre, die sich vom Empfang der Sakramente ausgeschlossen wissen? Man darf auch in dieser Lage nie aufhören zu beten, und die Gemeinde darf nie aufhören, diese Glieder ins Gebet einzuschließen.

Augustinus im Angesicht des Todes

Gedanken zum Psalm 32

Augustinus, der Bischof von Hippo in Nordafrika, spürte den Tod nahen. Noch einmal gingen seine Gedanken zurück in seine glückliche Kindheit umsorgt von seiner frommen Mutter Monika und seinem ungläubigen Vater Patricius. Er dachte an die Irrungen und Wirren seiner stürmischen Jugend. Er erinnerte sich an seine Zeit in Mailand mit den Frauen an seiner Seite und dann die Begegnung mit Bischof Ambrosius, die zu seiner Bekehrung und Taufe führte. Im Psalm 32 fand er seine Gefühle, die er über die gnadenhafte Führung in seinem Leben empfand, am besten wiedergegeben. Obwohl er ihn auswendig konnte, ließ er sich ihn immer wieder vorbeten. Er bat seinen Sekretär sogar, den Text des Psalms an die Wand zu schreiben, damit er ihn immer vor Augen habe.

„Selig der Mensch, dessen Frevel vergeben wird und dessen Sünde bedeckt" (V. 1). Diese Erfahrung hat er in seinem Leben machen dürfen. Gott vergibt die Schuld. Das ist eine innere Befreiung. Man atmet auf. Man ist ein neuer Mensch. Das hat er in jener Osternacht erfahren dürfen, als Ambrosius ihn taufte. Die Mutter Monika hatte immer auf diesen Augenblick gehofft, sie hat immer für ihn um diese Gnade gebetet. Ihm war es wie dem Psalmisten gegangen: „Solange ich meine Sünde verschwieg, zerfiel mein Gebein" (V. 3). Die verdrängte Sünde, die Schuld, die man nicht wahrhaben will oder sie schön redet, sie bedrückt. Sie macht krank. Sie raubt den Schlaf. „Am Tag und zur Nachtzeit lastete deine Hand auf mir und meine Kraft schwand wie in Sommerglut" (V. 4). Das Gewissen lässt einem keine Ruhe. Es meldet sich unablässig. So hat es Augustinus am eigenen Leib erlebt. Er schien glücklich. Er lebte mit einer Frau zusammen, die ihn liebte. Sie hatten einen Sohn. Verheiratet waren sie nicht. Augustinus wollte sich die Zukunft nicht verbauen. Er dachte nur an sich. In der Stunde des Todes stand das Bild dieser Frau erneut vor seinen Augen. Er hatte sie verlassen. Den Sohn hat er ihr genommen. Sie hing an ihm, aber die Mutter Monika war stärker. Sie forderte den Schlussstrich. Diese Schuld belastete sein Herz und erneut wollte er sie vor Gott bekennen, um zu erfahren: „Du hast mir die Schuld meiner Sünde vergeben" (V. 5).

Das Gebet war für Augustinus seit seiner Bekehrung eine Quelle des Trostes. Er liebte die Psalmen. Immer wieder betrachtete er sie. Besonders die Bußpsalmen halfen ihm sein Versagen zu bereuen und Gott um Vergebung zu bitten. „Meine Zuflucht bist du, o Gott" (V. 7). Das konnte er unablässig beten. Auf Gottes Wort wollte er hören. Gottes Gebote wollte er befolgen. In die Schule Jesu wollte er gehen. Er wollte nicht wie ein wildes Pferd sein, das man zwingen muss, die Wege Gottes zu gehen. Sein Verstand hatte Augustinus immer gesagt: Es gibt für den Menschen nichts besseres als in der Liebe Gottes zu bleiben und auf die Liebe Gottes zu antworten. Jede Sünde verfehlt sich gegen die Liebe Gottes. Jede Sünde führt von Gott weg. Man braucht nur die Menschen zu beobachten, die meinen, ohne Gott leben zu können. Sie finden nicht zum Glück. Wahre Freude bleibt ihnen verschlossen. Wer aber auf Gott setzt, findet Erbarmen. Wer auf Gott setzt, der findet die Freude, die ewig dauert in der Seligkeit des Himmels. Darauf freute sich Augustinus. Der nahende Tod schien ihm wie ein Befreier aus den Umklammerungen der Versuchung und der inneren Nöte, die seine letzten Stunden begleiteten. Auf Gott wollte er sein Vertrauen setzen. Seine Seele in seine Hände legen. Der Psalm 32 half ihm dabei, die rechten Worte zu finden.

Auf dem Krankenlager

Gedanken zum Psalm 38

Es ist naheliegend, wenn man krank ist, zu fragen: Warum? Warum gerade ich? Nicht wenige beginnen ihr Gewissen zu erforschen und nach Schuld zu suchen. Dem Psalmisten geht es nicht anders, wenn er in Psalm 38, der zu den Bußpsalmen zählt, Gott bittet, ihn doch nicht zu strafen (V. 2). Der ganze Leib ist eine einzige Wunde. Alles ist voller Eiter. Alles schmerzt. „Kraftlos bin ich und ganz zerschlagen" (V. 9). Wer kennt diesen Zustand nicht, der je schwerkrank war? Man hat keine Kraft. Jedes Wort strengt an. Man ist unfähig zu lesen. Man will weder Radio hören noch fernsehen. Man bringt auch nicht die Kraft auf, um zu beten. Das einzige Gebet ist der Aufschrei des Herzens: Warum? Warum gerade ich?

Wer so hoffnungslos daliegt, der sehnt sich nach Menschen, die ihn besuchen, nach Menschen, die ein aufmunterndes Wort zu ihm sagen, nach Menschen, die durch ihre Nähe ihn spüren lassen: Du bist nicht allein. Das ist die nächste bittere Erfahrung. Verwandte, Freunde und Bekannte bleiben aus. Sie gehen ihren Geschäften, ihren Vergnügungen nach. Sie haben ihn ganz einfach vergessen.

Sie wollen nicht mit einem Schwerkranken konfrontiert werden. Sie sagen: „Ich will ihn so in Erinnerung behalten, wie ich ihn gekannt habe." Sie verdrängen den Gedanken, dass er auf sie warten könnte, dass er sie brauchen könnte. Der Kranke fragt: Warum kommen sie nicht? Warum lassen sie mich ihre Anteilnahme nicht spüren? Gleichzeitig tauchen die Feindbilder seines Lebens auf. Sind sie nicht schuld, dass es ihm so schlecht geht, dass er so viel durchmachen muss? „Ich bin wie ein Tauber und höre nicht, bin wie ein Stummer und tu meinen Mund nicht auf" (V. 14). Der Kranke hadert mit Gott und seinen Mitmenschen. Er verschließt sich förmlich der Außenwelt. In seinem Innern stößt er auf Gott. Ihm kann er nicht entrinnen. Er mag noch so sehr hadern, im Tiefsten weiß der Kranke sich von Gott geliebt. Die Frage nach dem Warum bleibt ohne Antwort, trotzdem kommt dem Psalmisten ein „Herr, ich vertraue auch dich" (V. 16) über die Lippen. Die Lage mag noch so aussichtslos sein, Gott wird einen Ausweg finden, man muss ihm nur von ganzem Herzen vertrauen. Alles muss man ihm in die Hände legen.

Kaum hat der Psalmist den Anker der Hoffnung erfasst und neue Zuversicht gewonnen, tauchen erneut die Feindbilder auf. Sie wollen nur sein Verderben und seinen Untergang. Sie sind voller Schadenfreude, wenn er versagt und Gottes Liebe enttäuscht. Da hilft nur eines, sich ganz bei Gott bergen. Ihm alles bekennen, wo man gefehlt hat. Die Sünde muss bereut und bekannt werden. Es muss einem leid tun und man muss die Schuld aussprechen. Dann ist der Bann gebrochen. Dann kommt es zur Befreiung. Der Psalmist fühlt sich jedoch noch nicht auf der sicheren Seite und dies mit Recht, denn solange der Mensch lebt, ist er von Versuchung bedroht und immer aufs neue erliegt er ihr, deshalb schließt der Beter mit der inständigen Bitte: „Herr, verlass mich nicht, bleibe nicht fern von mir, mein Gott. Eile, komm mir zu Hilfe, Du mein Herr und mein Gott" (V. 22–23). Diesem Wunsch können wir uns nur von ganzem Herzen anschließen, ganz gleich ob wir mit der Versuchung zu ringen haben, oder ob wir krank sind und vor Leid weder aus noch ein wissen. Die Schuld darf nicht das letzte Wort haben, sondern allein Gottes gnädiges Erbarmen, um das wir flehen.

Reue und Vergebung

Gedanken zum Psalm 51

Man könnte den Psalm 51 als den beliebtesten Bußpsalm bezeichnen. Das „Miserere" drängt sich einem förmlich auf die Lippen, wenn man sich verfehlt hat. Das Miserere stimmt Papst Alexander VI. an, nachdem er beim Einsturz einer Decke im Vatikan nur knapp dem Tod entronnen ist. Das Miserere betete Kaiser Karl V. tagtäglich, als er sich von den Staatsgeschäften zurückgezogen hatte und sich in San Juste auf den Tod vorbereitete. Er fühlte die ganze Last der Verantwortung für das gewaltige Reich, in dem die Sonne nicht unterging. „Miserere" – „Erbarme dich meiner, o Gott, nach deiner Barmherzigkeit" (V. 3). Er dachte an die Reformation in Deutschland, an die Glaubensspaltung, die er nicht zu verhindern vermochte. Er dachte an Amerika und das Unrecht, das den Indios angetan worden war. „Miserere!", konnte er nur immer wieder flehen. Und er schaute hin auf König David, der diesen Psalm erstmals anstimmte.

David rief sein Miserere zu Gott, nachdem der Prophet Nathan ihm die ganze Schwere seiner Schuld mit deutlichen Worten klargemacht hatte. Der Ehebruch mit der Frau des Urija war mehr als ein Seitensprung. Der König hat um seiner Lust willen dem ganzen Volk ein schlechtes Beispiel gegeben. Er hat Gottes Gebot übertreten und sich als undankbar gegenüber den vielen Gnaden und Talenten, dem Segen, den Gott ihm erwiesen hat, gezeigt. Dem einen Verbrechen fügte er noch das zweite hinzu. Er ließ Urija ermorden, um seinen Ehebruch zu vertuschen. Tiefer konnte ein Mensch nicht sinken. Für den König tat sich wahrhaftig ein Abgrund an Verkommenheit auf. Auch Könige stehen unter Gottes Gebot. Auch Könige können sich nicht über das Recht erheben. Nathan lässt daran keinen Zweifel. David begreift die Schwere seiner Schuld, und er fleht zu Gott um Erbarmen.

Er spürt selbst, in welchen Schmutz er geraten ist. Davon kann er sich nicht selbst reinigen. Gott muss ihn rein waschen. Johannes der Täufer wird später am Jordan die Bußtaufe predigen. Jesus aber wird am Kreuz mit seinem Blut die Sünden tilgen und den Menschen seine verzeihende Gnade anbieten. „Wasche mich bis auf den Grund meiner Schuld" (V. 4). So betet David und mit ihm Papst Alexander VI., mit ihm Kaiser Karl V., mit ihm jeder Sünder, der seine Schuld einsieht, jeder Mensch, der schuldig geworden ist. Man könnte sich natürlich auf die Erbschuld berufen, darauf, dass seit Adam und Eva der Mensch geschwächt ist und für die Versuchung anfällig. Man ist ja immer geneigt, anderen die Schuld zu geben, den Eltern und ihrer Erziehung, der Veranlagung, für die man nichts kann, der Umwelt, die ihren verhängnisvollen Einfluss ausübt. David möchte die Schuld nicht anderen geben. Er möchte zu seiner Schuld stehen. Er selbst ist schuld und niemand anderer. Er sehnt sich nach einem Zeichen der Vergebung. „Besprenge mich mit dem Ysop, und ich bin rein: wasche mich, und ich bin weißer als der Schnee" (V. 9). „Asperges me", so sang man jahrhundertelang vor Beginn des Sonntagsgottesdienstes. Die Austeilung des Weihwassers war damit verbunden. Mit einem reinen Herzen wollte man zum Altar treten.

David bittet um ein neues Herz, um ein Herz, das Gott gefällt. Ein reines Herz wird uns in der heiligen Beichte bei der Lossprechung geschenkt. Freilich, mit der Lossprechung ist es nicht getan, es braucht den guten Vorsatz und nicht nur ihn, sondern auch „den Geist der Beständigkeit" (V. 12). Dann durchströmt den Beter neue Freude. Der Lebensmut kehrt zurück. Man kann wieder anderen den Weg zu Gott glaubwürdig zeigen, denn die beste Predigt ist das Vorbild. Man ist auch nicht mehr fixiert auf seine Schuld, sondern innerlich befreit. Da fällt es nicht schwer, Gott zu loben. Wer in dieser Gesinnung an den Altar tritt, der darf sicher sein, dass Gott sein Gebet annimmt. David bringt im Heiligen Zelt sein Opfer dar, und er weiß, dass es Gott mehr noch auf sein Herz ankommt. Wir bringen mit dem Priester am Altar das Opfer dar, in dem Christus selbst sich dem Vater darbringt, und auch wir wissen, dass es dabei auf unser Herz ankommt. Mit David beten wir „Miserere – Erbarme dich meiner, o Gott", und mit Christus treten wir an den Altar. Wir wissen, dass dieses Opfer Gott gefällt.

Alles vergeht –
Gott aber bleibt

Gedanken zu Psalm 102

Man muss sich immer wieder klar machen: wer ich bin und wer Gott ist. Der Mensch neigt zur Selbstüberschätzung. Wenn alles gut läuft in seinem Leben, meint er, Gott gar nicht zu brauchen. Sobald aber Krankheit und Unglück über ihn kommen, besinnt er sich. Not lehrt bekanntlich beten. Im Psalm 102, dem fünften Bußpsalm, wird die Not eines Menschen ausgesprochen, dem bewusst wird, wie kurz das menschliche Leben ist. Er hat in den Tag hineingelebt und sieht nur: „Meine Tage schwinden wie Rauch" (V. 4). Körperliche und seelische Not machen ihn buchstäblich fertig. Er ist innerlich ausgebrannt. Nichts schmeckt ihm mehr. Er fühlt sich ausgestoßen aus der menschlichen Gesellschaft. Er kann nicht mehr schlafen. Alle fallen über ihn her und ziehen seinen Namen in den Schmutz. Ihm bleiben nur noch die Tränen und der Aufblick zu Gott. Von Menschen kann er nichts erwarten. In der Vergangenheit ging es ihm gut. Er war angesehen, aber er hatte nicht erkannt, dass alles ein unverdientes Geschenk Gottes war. Jetzt ist er gestürzt. Jetzt bittet er Gott: „Herr, erhöre mein Gebet und lass mein Rufen zu dir kommen" (V. 2).

Wer bin ich und wer ist Gott, das muss man sich von Zeit zu Zeit überlegen: „Meine Tage fliehen wie Schatten ... Du aber, Herr, bleibst in Ewigkeit" (V. 12.13). Wenn man dies bedenkt, dann kann man nichts anderes tun, als seine Hoffnung auf Gott zu setzen. Der Psalmist muss an die Zerstörung Jerusalems denken. Das Heiligtum Gottes, der Tempel, ist geschändet. Er blickt hoffnungsvoll in die Zukunft. Im Geiste sieht er alle Völker nach Jerusalem pilgern, um dort Gott zu preisen, den einen und wahren Gott. Der König wird dort neben dem Armen stehen, um zu beten, denn Gott macht keinen Unterschied. Beide sind sie Menschen und als solche von Gott geliebt.

Auch der Psalmist möchte in den Lobpreis Gottes einstimmen, aber Krankheit und Leid machen ihn kraftlos. Er sieht den Tod vor Augen, möchte aber noch nicht sterben. Er bittet: „Nimm mich, o Gott, aus meiner Tage Mitte nicht fort" (V. 25). Was bedeuten für Gott ein paar Jahre, „du, dessen Jahre durch alle Geschlechter währen" (V. 25). Man denkt an den König Hiskija, der auf der Höhe seines Lebens im Sterben lag und inständig zu Gott flehte, er möge ihn noch leben lassen. Gott erhörte sein Gebet. Er ließ ihm durch den Propheten Jesaja sagen: 15 Jahre will ich dir noch schenken.

Geschenkte Jahre, was wird er damit anfangen? Geschenkte Jahre, ob wir unsere Zeit wirklich nützen? Der Psalm 102 könnte als ein Anruf verstanden werden, in den Tagen der Gesundheit und des Erfolges, des Glückes und der Zufriedenheit, Gott nicht zu vergessen. Es kann alles so schnell anders sein.

Die Geschichte lehrt uns die Unbeständigkeit von allem Glück. Es war nicht nur bei der Französischen Revolution so, dass Menschen plötzlich um ihr Hab und Gut, um Leib und Leben gekommen sind, auch die Russische Revolution, die als Oktoberrevolution in die Geschichte eingegangen ist, hatte diese Folgen. Für Deutschland brachte das Ende des Zweiten Weltkrieges für unzählige Menschen den Verlust der Heimat und allen Besitzes. Zwei Inflationen ließen aus reichen Leuten arme Menschen werden. Dieser Blick in die Geschichte lehrt uns, nicht auf Menschen, nicht auf Politiker, nicht auf Geld, auch nicht auf unsere eigene Kraft zu bauen, sondern allein auf Gott. Er ist das einzig Sichere. Das einzig Dauerhafte.

Dominikus Ringeisen, der charismatische Gründer der Behindertenanstalten im bayerisch-schwäbischen Ursberg, hat das Wort geprägt: „Die Bank Gottes falliert nicht." Wer auf Gott sein Vertrauen setzt, der wird nicht enttäuscht. Es kann keine Lage so aussichtslos sein, dass Gott für uns nicht einen Weg findet, der uns neue Hoffnung schenkt. Daran hat sich seit den Tagen, in denen der Psalmist sein Gebet niedergeschrieben hat, nichts geändert, denn „Gott ist der Gleiche und seine Jahre enden nie" (V. 28).

In tiefer Not

Gedanken zum Psalm 130

Der Psalm „De profundis" – „Aus der Tiefe rufe ich, Herr, zu dir", trifft genau die Stimmung tiefster Niedergeschlagenheit. Er wird den heimatvertriebenen Juden in Babylon zugeschrieben. Sie saßen an den Flüssen und verzehrten sich vor Heimweh. Sie waren gewissermaßen am Boden zerstört. Ihr Leben schien ohne Zukunft. Trotzdem hatten sie ihren Glauben nicht verloren. Sie hofften auf Gott, auf ihren Gott, der sie aus Ägypten geführt hat, der sie auch in dieser verzweifelten Lage ganz sicher nicht im Stich lassen wird. Sie erinnerten sich in dieser Stunde an die Verheißungen, die Gott seinem Volk durch die Propheten gemacht hat. An sie klammerten sie sich.

Allerdings mussten sie zugeben, und der Beter fühlt sich davon nicht ausgenommen, daß das Volk Israel Gott die Treue nicht immer gehalten hat. Man hat nicht auf die Propheten gehört. Man hat den Bund mit Gott gebrochen. Man hat andere Götter verehrt und bei ihnen Hilfe gesucht. Dies alles wird nicht bestritten, aber „wolltest du, Herr, der Sünden gedenken – Herr, wer würde dann noch bestehen?" (V. 3) Das Volk Israel, und mit ihm der Psalmist, ist zuversichtlich, dass Gott ein verzeihender Gott ist. Er schenkt Vergebung und damit die Chance, neu beginnen zu dürfen. Wer Verzeihung erlangt hat, wird mit neuem Eifer Gott dienen. Gewiss, Gott wird nicht von einem Augenblick zum anderen vergeben. Gott wird sicher auch nicht schon bald die Heimkehr nach Jerusalem schenken. Es braucht eine Zeit der Buße. Aber der Tag wird kommen. Es gilt nur zu vertrauen.

Dieses Vertrauen darf nichts und niemand gefährden. Es darf nicht in Zweifel gezogen werden. Irgendwann wird aus dem Strahl der Hoffnung das Morgenrot der Befreiung. Man muss nur bereit sein, die Nacht zu durchwachen. So sicher wie das Morgenrot kommt, so sicher steht Gott zu seinen Verheißungen. Da ist nicht nur die Heimkehr nach Jerusalem aus der Trostlosigkeit der Babylonischen Gefangenschaft gemeint, sondern auch die Gewissheit, dass eines Tages der Messias, der Erlöser, kommen wird. Er wird dem Volk Barmherzigkeit schenken und schließlich die Erlösung. „Erlösen wird er sein Volk von all seiner Missetat". (V. 8) Genau das wird Christus tun. Das Tragische ist nur, dass Israel seinen Herrn nicht erkennt, dass es seine Barmherzigkeit nicht begreift und die Erlösung verweigert. Jesus Christus ist der Messias, und sein Volk glaubt ihm nicht. Jesus Christus ist der Erlöser, und sein Volk will nicht von einem

Zimmermannssohn aus Nazareth erlöst werden. Dass Christus der Sohn Gottes ist, dagegen sträubt sich alles in ihnen. Der Prophet Jesaja hat es vorhergesehen: Ochse und Esel erkennen die Krippe ihres Herrn, nicht so das Volk Israel. Jede Krippendarstellung, bei der Ochs und Esel das Kind in der Krippe mit ihrem Hauch wärmen, erinnert an dieses Prophetenwort.

„De profundis" – „Aus der Tiefe rufe ich, Herr, zu dir" gehört zu den Bußpsalmen. Dieser Psalm 130 greift die Stimmung eines völlig am Boden zerstörten Volkes auf, bleibt aber dabei nicht stehen, sondern vermittelt die Botschaft, dass es gut ist, auf Gott zu vertrauen und Verzeihung von ihm zu erlangen. Gott schenkt mehr, als wir erwarten. Dieser Psalm wird häufig bei Beerdigungen verwendet. Die Morgenröte der Auferstehung soll bei allem Schmerz und allem Leid aufleuchten. Die Botschaft von der Barmherzigkeit Gottes, der trotz allem zum Menschen steht, soll die Trauernden trösten.

Vertrauen auf Gottes Hilfe

Gedanken zu Psalm 143

Der letzte der sieben Bußpsalmen, Psalm 143, wurde von David angestimmt, als sein Sohn Absalom ihn vom Thron zu stürzen suchte. Absalom konnte es nicht erwarten, dass sein greiser Vater die Regierung aus der Hand legt. Er war sich auch nicht gewiss, ob ihm die Regierung übertragen würde. Mit aller Macht bereitete er deshalb den Sturz Davids vor. Dies war für den erfolgreichen König eine bittere Stunde, als er vor dem eigenen Sohn fliehen musste.

David verstand Absaloms Handeln als Strafe für seine eigene Schuld. Er wendet sich in seiner Not an Gott. Mit ihm war er sein ganzes Leben im Gespräch, ausgenommen damals, als er nur mehr an Bathseba, die Frau des Urija, dachte. Dies führte auch zu seinem tiefen Fall. Jede Enttäuschung, die er später erleben musste, empfand er als Strafe Gottes für seine Übertretung der Gebote Gottes. David weiß um Gottes Gerechtigkeit, aber er appelliert an Gottes Barmherzigkeit: „Erhöre mich nach deiner Gerechtigkeit ... keiner, der lebt, ist gerecht vor dir" (V. 2). Der eigene Sohn ist zum Feind geworden, das ist das Schlimmste, was einem Vater widerfahren kann. Der Sohn wünscht ihm nicht nur den Tod, sondern er betreibt ihn sogar. David ist müde geworden. Er hat keine Kraft mehr. Seine Gedanken gehen zurück. Er denkt an Samuel, der ihn zum König gesalbt hat. Er denkt an Goliath, den er besiegt hat. Er denkt an Saul und sein schreckliches Ende. Er denkt an Gottes Fügung und Führung in seinem Leben. Voll Dankbarkeit schaut er auf Gott und das Werk, das er an ihm getan. Jetzt aber ist er am Ende und völlig erschöpft. Wenn nicht bald Hilfe kommt, dann ist er verloren. Aber er hofft auf Gott. Sein Vertrauen ist grenzenlos. Einen gnädigen Gott erwartet er. Er sehnt sich nach der Weisung des Herrn. Die Weisung des Herrn ist freilich nichts anderes als die Thora. In den Geboten hat Gott seinen Willen niedergelegt. Über Gottes Gebot gilt es nachzusinnen. Hier wird der Weg gewiesen, den der Mensch, auch ein König, gehen soll.

David hofft auf Rettung vor Absalom und seiner aufständischen Gefolgschaft. Alle seine Hoffnung setzt er auf Gott. Er legt gleichsam die Hände in den Schoß, nein, er breitet seine Hände aus zum Gebet. Das ist nicht Tatenlosigkeit, das ist ein Kampf mit anderen Mitteln. Wer aber auf Gott seine Hoffnung setzt, der muss sich auch Gottes Führung überlassen, so wie es ein Bruder Klaus von Flüe (1417–1487) getan hat: „Herr, nimm alles von mir, was mich hindert zu dir. Herr, gib alles mir, was mich fördert zu dir. Herr, nimm mich mir und gib mich ganz zu eigen dir." Den Weg Gottes gehen, der Weisung Gottes folgen und schließlich Ja sagen zu Gottes Willen. David fleht um sein Leben. Er möchte noch nicht sterben. Absalom und seinen Gefährten wünscht er den Untergang, denn sie haben sich gegen den König, gegen den Gesalbten des Herrn versündigt, ihm die Treue gebrochen, die sie ihm geschworen hatten. David beruft sich darauf, dass er im Dienste Gottes steht und der Aufstand deshalb auch ein Aufstand gegen Gott ist. Wenn Gott ihn rettet, rettet er sozusagen seine eigene Sache.

Wenn wir mit den Worten des Psalmisten beten, dann werden wir unser eigenes Leben zur Sprache bringen. Es ist gewissermaßen der Hintergrund, auf dem wir mit David beten. Auch wir hoffen auf Erhörung. Auch wir wurden von Menschen enttäuscht. Auch wir haben in unserem Leben Gottes Fügung und Führung erlebt. Dies gibt uns Mut in dunklen Stunden, in Stunden, in denen wir allein gelassen sind, in Augenblicken, in denen sich alles gegen uns verschworen zu haben scheint. Nicht den Tod dürfen wir uns wünschen, sondern das Leben. Gott hat für uns eine Aufgabe. Sie gilt es zu erfüllen. Ihr darf man nicht ausweichen. Dunkle Stunden sind Prüfungen, sie sind auch Sühne für unser Versagen. Gottes Gebote wollen wir wieder erfüllen. Gottes Willen bejahen. Das wird uns retten. Alle, die uns Böses zufügen, wollen wir aber im Gegensatz zum Psalmisten nach dem Beispiel Jesu Gottes Barmherzigkeit anvertrauen, damit sie Vergebung und Rettung erfahren.

SIEBEN LETZTE WORTE

Das Vermächtnis Jesu

Die letzten sieben Worte Jesu

Die letzten Worte eines Menschen sind besonders kostbar. Auch wenn man sich nach dem Tod eines lieben Menschen an manches seiner Worte erinnert, sind die letzten Worte wie ein Vermächtnis. Es gibt ganze Sammlungen von letzten Worten berühmter Menschen. Sie scheinen manchmal geradezu wie eine Bilanz ihres Lebens. Die letzten Worte Jesu haben uns die Evangelisten überliefert. Wir sprechen von den sieben Worten Jesu. Die Zahl sieben ist nicht ohne Bedeutung, denn die Siebenzahl drückt immer Vollkommenheit, Vollendung aus. Wir kennen sieben Sakramente, die sieben Bitten des Vater unsers, die sieben Gaben des Heiligen Geistes, die sieben Hauptsünden, die sieben leiblichen Werke der Barmherzigkeit, die sieben geistigen Werke der Barmherzigkeit, die sieben Zufluchten. Ich bin mir nicht sicher, ob ich alles aufgezählt habe.

Jesus hat in den drei Jahren seiner öffentlichen Tätigkeit immer wieder gepredigt. Er wurde nicht müde, für das Reich Gottes zu werben. Er suchte auf vielerlei Weise den Glauben zu wecken. Die Evangelisten haben uns vieles davon in knappen

Worten überliefert. Es sind Worte, die bewegen, Worte, die das Herz berühren, Worte, die ermutigen. Wenn Jesus zu einem sagt: „Komm! Folge mir!", dann geht von diesem Wort eine solche Kraft aus, dass einer seine Familie, seinen Arbeitsplatz verlässt, um Jesus zu folgen. Wenn Jesus mit einem einzigen Satz einen Kranken heilt: „Geh hin! Dein Glaube hat dir geholfen", dann blieb dies allen unvergesslich. So vielen hat Jesus sein gutes Wort mit auf den Weg gegeben, manchem auch ins Gewissen geredet, nicht nur den Pharisäern und den Händlern im Tempel. Aber all diese Worte werden nochmals unterstrichen durch die letzten Worte, die Jesus am Kreuz gesprochen hat.

Zwischen Himmel und Erde hängend, zwischen zwei Schwerverbrechern besiegelt er mit seinem Blut, was er verkündet hat. Seine Botschaft war die Botschaft der Liebe. Sie durchzieht sein ganzes Leben. Es ist die Liebe zum himmlischen Vater und die Liebe zu den Menschen. Liebe ließ Jesus Mensch werden. Liebe ließ ihn 30 Jahre in Stille leben, ein Leben der Arbeit und des Gebetes. Liebe ließ ihn die frohe Botschaft vom Reich Gottes verkünden. Liebe führt ihn hinauf zum Berg Golgotha. Sein Leben gibt er hin, um die Menschheit zu retten. Er stirbt für die Erlösung der Menschen von Sünde, Tod und Teufel. Jesus hängt am Kreuz, und jedes Wort muss sich der Sterbende abringen.

Es sind Worte der Vergebung, Worte sorgender Liebe, Worte der äußersten inneren Not, Worte der Ergebung in Gottes Willen. Es sind Worte, die den heidnischen Hauptmann schließlich sprechen lassen: „Dieser Mensch war wahrhaft Gottes Sohn" (Mt 27,54).

Die Betrachtung der sieben Worte Jesu gehört seit Jahrhunderten zur Fastenzeit. Sie haben auch bedeutende Musiker zu Kompositionen veranlasst, so Heinrich Schütz und Joseph Haydn. Joseph Haydn erhielt 1786 von dem Domherrn José S. de Santamaria, Marquis von Valdes-Inigo, den Auftrag für den Karfreitag 1787 eine Musik über die sieben letzten Worte Jesu zu komponieren. Der Bischof von Cádiz stieg nach dem Vorspiel auf die Kanzel, und sprach eines der letzten Worte Jesu und erläuterte es. Dann spielte das Orchester. Für jedes weitere Wort bestieg der Bischof wieder die Kanzel und nach jeder Ansprache spielte das Orchester. Joseph Haydn fand den Auftrag „nicht besonders einfach". Er schuf eine Instrumentalfassung und zehn Jahre später eine Vokalfassung. In der Fastenzeit findet sich so nicht nur in Fastenandachten, sondern auch in Konzerten die Betrachtung der letzten Worte Jesu. Joseph Haydn war übrigens sehr beeindruckt von der Uraufführung seiner Komposition in Cádiz: „Mauern, Fenster und Pfeiler waren vollständig mit schwarzem Stoff bespannt und nur eine einzige Lampe hob ein wenig das Dunkel auf. Alle Türen wurden mittags geschlossen und die Musik setzte ein".

Vater, vergib ihnen

Das Wort der Verzeihung

Liebe kennzeichnet das Leben Jesu von der ersten bis zur letzten Stunde seines Erdendaseins. Mit Liebe begegnet er den Menschen. Dort wo er mahnt, wo er anderen ins Gewissen redet, geschieht es in Liebe. Die Zehn Gebote fasst er im Hauptgebot der Liebe zusammen: „Du sollst den Herrn, deinen Gott, lieben aus deinem ganzen Herzen, aus deiner ganzen Seele und mit allen deinen Kräften. Dies ist das erste und größte Gebot. Ein zweites ist diesem gleich: Du sollst deinen Nächsten lieben wie dich selbst!" (Mt 22,37–39) Den Jüngern sagt er, als er ihnen vor dem Letzten Abendmahl die Füße wäscht: „Ein neues Gebot gebe ich euch. Liebt einander wie ich euch geliebt habe. Daran sollen alle erkennen, dass ihr meine Jünger seid" (Joh 13,34–35). Es ist wie ein Vermächtnis, als Jesus den Jüngern sagt: „Niemand hat eine größere Liebe als der, der sein Leben hingibt für seine Freunde" (Joh 15,13). Zu dieser letzten Liebestat hat Jesus das Kreuz auf sich genommen. Am Kreuz opfert er sein Leben für alle Menschen.

Der Kreuzweg hat Jesus bereits das Äußerste seiner Kräfte abverlangt. Nun schlagen ihn die Schergen ans Kreuz. Sie führen nur die Befehle aus. Andere haben das Todesurteil gefällt. Der Hohe Rat hat entschieden: „Dieser Mensch hat sich zum Sohn Gottes erklärt. Das ist Gotteslästerung. Darauf steht der Tod". Der schlimmste Tod, der erniedrigendste Tod muss es sein: der Tod am Kreuz. Am Kreuz starben die Schwerverbrecher. Am Kreuz starben die Hochveräter. Am Kreuz soll Jesus sterben, das fordern sie von Pilatus. Pontius Pilatus sträubt sich. Sein römisches Rechtsempfinden wehrt sich, aber das Geschrei des Volkes macht ihn mürbe. „Wenn du ihn nicht zum Tod verurteilst, bis du kein Freund des Kaisers" (Joh 19,12). Er fällt das Todesurteil, er fällt es mit schlechtem Gewissen, aber das Waschen der Hände befreit ihn nicht von der Blutschuld, die er auf sich lädt.

Jesus hängt am Kreuz. Die Tafel über seinem Kopf bringt das Todesurteil auf den Punkt:" Jesus von Nazareth, König der Juden" (V. 19). Damit sind die Ankläger nicht einverstanden, aber barsch bekommen sie von Pontius Pilatus zu hören: „Was ich geschrieben habe, das habe ich geschrieben". Im Lateinischen, der Sprache der Römer, hört sich dies militärisch knapp an: „Quod scripsi, scripsi" (V. 22). Jesus blickt auf die Ankläger, die ihn schon lange aus dem Weg räumen wollten. Er blickt auf die Schergen, die ihn auf dem Kreuzweg begleitet haben und ihn ans Kreuz nagelten. Er blickt schließlich empor zu seinem himmlischen Vater und jetzt kommt eine Bitte, die man am allerwenigsten erwartet hätte: „Vater, vergib ihnen, denn sie wissen nicht, was sie tun" (Lk 23,34). Nichts ist schwerer als jemandem zu verzeihen, der einem großes Leid zugefügt hat. Jesus denkt an den Hohen Rat. Jesus denkt an all die Schreier, die seinen Tod gefordert haben. Jesus denkt an Pontius Pilatus und seine römischen Soldaten. Jesus denkt an seine Henker. Jedem einzelnen gilt sein Wort der Vergebung – auch denen, die gerufen haben: „Sein Blut komme über uns und unsere Kinder" (Mt 27,25). Sie wissen nicht, was sie reden. Sie wissen nicht, was sie tun.

Jesus gibt ein Beispiel und viele Märtyrer, als erster der Diakon Stephanus, sind dem Beispiel Jesu gefolgt. Märtyrer der frühen Kirche, Märtyrer durch die Jahrhunderte, Märtyrer, die in den Konzentrationslagern ihr Leben lassen mussten und in den Gulags der Kommunisten ums Leben gebracht wurden. Nicht die Verfluchung stand an ihrem Ende, sondern die Verzeihung. Solche Kraft, die menschliche Kraft übersteigt, wächst aus dem Glauben. Verzeihen ist nie leicht, aber zu solchem Verzeihen ist nur die äußerste Liebe fähig. Wieviel Leid fügen Menschen einander zu. Das beginnt bereits bei den Kindern. Das kann man auf Schulhöfen und in Klassenzimmern erleben. Wieviele

Verletzungen geschehen durch eine falsche Erziehung. Wieviel Leid fügen sich Partner zu. Jede Scheidung ist ein Drama. Einem Selbstmordattentäter zu verzeihen, der einem das Liebste genommen hat, einem Mörder zu verzeihen, der ein Kind umgebracht hat, das übersteigt menschliche Kraft, dazu bedarf es göttlicher Gnade, dazu braucht es den Aufblick zum Kreuz und zum Gekreuzigten, der einem vorbetet: „Vater vergib ihnen, denn sie wissen nicht, was sie tun."

Heute noch

Ein Wort der Verheißung

Zwischen zwei Schwerverbrechern wird Jesus gekreuzigt. Zwischen zwei Terroristen verbringt Jesus seine letzten Stunden. Zwischen zwei Mördern erwartet Jesus den Tod. Die Überlieferung hat den beiden Namen gegeben: Dismas und Gestas. Während Dismas sich mit seinem Schicksal abfindet, bäumt sich Gestas dagegen auf. Während Dismas zu Jesus aufschaut und Mitleid mit Jesus empfindet, denkt Gestas nur an sich. Jesus soll sich und ihn retten, alles andere interessiert ihn nicht. Flüche begleiten seine Bitte um Rettung. Kein Gedanke der Reue, kein Gedanke der Sühne für seine Verbrechen ist spürbar. Der Hass auf die Gesellschaft, der Hass auf die Menschheit beherrscht sein Denken.

Nicht so Dismas. Er bereut seine Verbrechen. Er weiß sich schuldig. Er ist bereit, dafür zu büßen. Die Todesstrafe, die an ihm vollstreckt wird, hält er für gerecht. Er klagt weder Gott noch seine Eltern an, er klagt weder die Reichen noch die Römer an. Er sucht bei keinem anderen die Schuld – nicht bei der Gesellschaft, nicht bei den Umständen. Er ist schuldig geworden und er will dafür büßen.

Was helfen Flüche wie sie Gestas ausstößt? Dismas ergibt sich in sein Los und für den mitgekreuzigten Jesus hat er nur Mitleid. „Denk an mich, wenn du in deiner Macht als König kommst" (Lk 23,42). So bittet er Jesus in einem unbeholfenen Glaubensbekenntnis. „König der Juden", so steht es im Todesurteil Jesu, das am Kreuz zu lesen ist. Vom König der Juden reden auch jene, die unter dem Kreuz vorbeigehen und sich spöttisch über den äußern, der den Tempel Gottes abreißen und in drei Tagen wieder aufbauen wollte. „Denk an mich!", so bittet der reuige Dismas. Er bittet nicht vergeblich. Jesus sagt ihm das Wort der Verheißung: „Amen, ich sage dir: Heute noch wirst du mit mir im Paradiese sein" (V. 43). Mit Recht wird gesagt, dies sei die erste Heiligsprechung gewesen. Die ewige Freude wird einem reuigen Schwerverbrecher von Jesus in der Stunde seines Todes verheißen.

Das Wort Jesu macht deutlich, welche Rolle die Reue spielt. „Im Himmel herrscht mehr Freude über einen Sünder, der Buße tut, als über neunundneunzig Gerechte, die der Buße nicht bedürfen", so hat es Jesus seinen Jüngern gesagt (Lk 15,7). Der gute Hirt geht dem verlorenen Schaf nach und ruht nicht eher als bis er es gefunden hat. Das ist die Haltung Jesu. Er ist in die Welt gekommen nicht um zu richten, sondern um den Menschen zu retten.

Das wird in der Stunde seines Todes noch einmal überdeutlich. Dismas bekommt in seiner Todesstunde die Verzeihung seiner Sünden und die Lossprechung. Gestas hat keine Reue. Trotz der Nähe Jesu, trotz des guten Beispiels von Dismas findet er den Weg zur Umkehr nicht. Er sieht keine Hoffnung im Jenseits. Für ihn zählt nur das Diesseits. Das Paradies kommt in seinem Denken nicht vor, den Himmel überlässt er den Spatzen. Welche Rolle wollen wir in dem Spiel auf Leben und Tod übernehmen? Suchen wir mit Dismas den Himmel, der auch dem reuigen Sünder offensteht, oder wollen wir wie Gestas unser Glück allein in dieser Welt suchen?

Dies ist deine Mutter

Ein Wort des Vertrauens

Nur wenige Vertraute sind Jesus hinein in den Vorhof des Pontius Pilatus gefolgt und haben miterlebt, wie eine aufgehetzte Menge den Kreuzestod Jesu forderte. Die Mutter hört, wie die Leute schreien: „Ans Kreuz! Ans Kreuz mit ihm!" (Joh 19,6) Jeder Schrei durchbohrt ihr schmerzgeprüftes Herz. Sie vermag so wenig dagegen anzuschreien wie der Jünger neben ihr: Johannes. Alles war vergessen. Dass er Kranke geheilt, Tote erweckt und die Vielen gespeist hat. Maria sieht den von der Geißelung entstellten Sohn. Zu einem Spottkönig haben sie ihn gemacht. „Seht den Menschen!" (Joh 19,5) Dann fällt das Todesurteil. Entkräftet nimmt Jesus das Kreuz auf sich, um es auf den Kalvarienberg hinaufzutragen. Die Mutter geht mit. Auch wenn sie ihrem Sohn das Kreuz nicht abnehmen kann, so trägt sie es im Geiste mit.

Als man Jesus die Kleider vom Leib reißt und ihn ans Kreuz schlägt, leidet sie mit dem Sohn. Maria aber hält aus. Sie bricht nicht zusammen. Sie steht unter dem Kreuz und sie bleibt bis zum letzten Augenblick. Mit ihr harren ein paar Frauen unter dem Kreuz aus, allen voran Maria Magdalena. Ein einziger seiner Apostel ist noch übriggeblieben: Johannes. Auf Maria und Johannes fällt der dankbare Blick Jesu. Da macht Jesus sein Testament. Er vertraut die Mutter dem Johannes an. Er soll für die Mutter sorgen. Hätte Jesus Geschwister gehabt, wie immer wieder behauptet wird, dann hätte er Maria einem Bruder oder einer Schwester anvertraut. Nein, Maria war nach dem Tod des heiligen Josef einzig auf Jesus angewiesen. Jesus vertraut aber nicht nur Maria dem Johannes an, die Mutter dem Lieblingsjünger, sondern auch Johannes der Mutter. Die Überlieferung berichtet, dass Maria Johannes begleitet hat, bis sie schließlich ihren irdischen Lebensweg vollendet hatte und mit Leib und Seele in den Himmel aufgenommen wurde.

„Frau, siehe da: dies ist dein Sohn!" (Joh 19,26) Als Jesus dies sagte, vertraute er seiner Mutter nicht nur den Jünger an, sondern alle, die an ihn glauben. Ihnen allen gibt er Maria zur Mutter. Gleichzeitig vertraut er aber auch allen, die an ihn glauben, die Mutter an. Es hat deshalb nichts mit übertriebener Marienverehrung zu tun, wenn man mit seinen Sorgen und Nöten zur Mutter des Herrn kommt. Die Marienverehrung führt immer hin zu Jesus, führt hin zu Gott. So wie Johannes für die Mutter Jesu gesorgt hat, so ist es Aufgabe gläubiger Christen, die Ehre der Gottesmutter zu verteidigen. Maria sollte einen Ehrenplatz in jeder Kirche, in jeder Wohnung haben. Jesus hat uns Maria anvertraut, dass wir ihr Heim und Heimat geben. Jesus hat uns Maria anvertraut, damit wir ihr danken, denn sie hat uns den Erlöser geboren. Jesus hat aber der Mutter auch uns anvertraut, damit wir in allem eine Fürsprecherin haben. Das Wort vom Kreuz an die Mutter und den Jünger muss alle gläubigen Menschen mit Dankbarkeit erfüllen. Es ist ein Wort des Vertrauens, das wir nur einlösen müssen.

Warum hast du mich verlassen?

Ein Wort der Verzweiflung

Der Tod am Kreuz gehört zu den schrecklichsten Todesarten. Der Gekreuzigte ist einem allmählichen Erstickungstod ausgeliefert. Die Römer haben vor allem entlaufene Sklaven zur Abschreckung ans Kreuz schlagen lassen, aber auch Aufständische auf diese Weise hingerichtet. Obwohl Jesus weder ein entlaufener Sklave war, noch zum Aufstand gegen die verhasste Besatzungsmacht der Römer aufgerufen hat, musste er am Kreuz sterben, weil der Hohe Rat, das oberste religiöse Gremium des jüdischen Volkes, dies vom römischen Statthalter forderte.

Jesus, für den der Wille Gottes stets maßgebend war, sagt auch sein inneres Ja zum Tod am Kreuz. Die körperlichen Schmerzen wuchsen ins Unerträgliche, dazu kamen die seelischen Schmerzen. Jesus, der sich immer im Einklang mit dem himmlischen Vater befand, fühlte sich jetzt plötzlich völlig allein gelassen. Das Dunkel der Gottferne ergreift seine Seele. In diesem Augenblick wird alles in Frage gestellt. War alles sinnlos? War das Werk der Erlösung ein Fehlschlag? Wollen sich die Menschen gar nicht retten lassen?

„Mein Gott! Mein Gott! Warum hast du mich verlassen?" (Mk 15,34) Dies schreit Jesus am Kreuz hinaus. Es hat die unter dem Kreuz, die von Jesus nur stille Ergebenheit gewohnt waren, so sehr erschüttert, dass sie diese Worte, diesen Aufschrei nie vergessen konnten, deshalb ist er uns auch im aramäischen Wortlaut überliefert: „Eli, eli, lama sabachtani?" Manche meinten, Jesus rufe nach dem Propheten Elija. Eine alte Überlieferung besagt, Elija müsse zuerst kommen, damit dann der Messias erscheinen könne. Aber die Evangelisten machen deutlich, dass der Prophet Johannes der Täufer diese Vorläuferrolle erfüllt habe. Der Aufschrei Jesu richtet sich an Gott, den er in seiner Verzweiflung nicht als Vater anspricht, wie wir das gewohnt sind.

„Mein Gott, mein Gott", so bricht es aus Jesus hervor. Er spricht Gott an, um den verlorenen Gott wieder zurückzuholen. Gott ist aus seinem Leben verschwunden. Damit hat er jeden Halt verloren. Es ist ein Fallen ins Nichts. Da waltet kein Sinn mehr. Da gibt es keine Antwort mehr. Da hört alle Liebe auf. Das Warum der Menschen von Anfang an – durchleidet Jesus. Er bekommt auf sein Warum genausowenig eine Antwort wie alle anderen Menschen. Das Dunkel am Kreuz hellt sich am Karfreitag nicht auf. Das Warum bleibt als Frage stehen.

In der Stunde des Kreuzes durchleidet Jesus die Schrecken des Menschen, der ohne den Trost des Glaubens das dunkle Tor des Todes durchschreiten muss. Das Schlimmste, das einen Menschen treffen kann, ist die Gottverlassenheit. Dies haben nicht nur Schwerverbrecher an sich erfahren, sondern auch Heilige, die ihr Leben als Sühne für andere einzusetzen bereit waren. Auch sie durchlitten die Nacht der Gottferne und jeder von ihnen spricht von einer furchtbaren Erfahrung. Jesus hat diese äußerste Verlassenheit durchgestanden. Er ist nicht vor ihr geflohen und hat so das Heilswerk der Erlösung zur Vollendung gebracht.

Mich dürstet

Ein Wort der Sehnsucht

Mutter Teresa von Kalkutta hat das Wort Jesu: „Mich dürstet" (Joh 19,28) über den Eingang ihrer Hauskapelle schreiben lassen. „Mich dürstet" – drückt sich darin nicht die leibliche Not Jesu aus? Er ist auf jemand angewiesen, der ihm diesen Dienst erweist. Seine Füße sind angenagelt. Er kann nicht zu einem Brunnen gehen, um dort seinen Durst zu stillen. Seine Hände sind angenagelt. Er kann sie nicht nach einem Becher Wasser ausstrecken. Ganz hilflos ist er am Kreuz. Wer wird seinen Seufzer hören? Wer wird ihm einen Schluck Wasser reichen? Maria und Johannes, Maria Magdalena und die anderen Frauen hören Jesu Wort, aber wie sollen sie helfen? Sie haben weder Wasser noch reichen sie hinauf zu Jesus. Auch ein Soldat hört Jesu Worte. Er nimmt einen Ysopzweig, befestigt einen Schwamm daran und taucht ihn in Essigwasser. So lindert einer, mit dem niemand gerechnet hat, den Durst Jesu.

Wenn Mutter Teresa über den Eingang ihrer Hauskapelle das Wort „Sitio" – „Mich dürstet" schreibt, dann möchte sie sich und ihre Mitschwestern daran erinnern, dass wir in jedem Leidenden

Jesus begegnen. Wer einen Sterbenden begleitet und seine Lippen mit Wasser benetzt, der steht in der Nachfolge jenes Soldaten unter dem Kreuz, der Jesus diesen Liebesdienst erwiesen hat. Das erinnert an ein anderes Wort Jesu: „Wer einem meiner Jünger auch nur einen Becher Wasser reicht, der wird nicht um seinen Lohn kommen" (Mk 9,41). „Mich dürstet." Dieses Wort der leiblichen Not hat Mutter Teresa bewegt, sich der Sterbenden von Kalkutta anzunehmen. Daraus ist ein großes Werk der Nächstenliebe entstanden, das sich inzwischen weltweit um die Not von Menschen kümmert, die ohne Hilfe, ohne Beistand dem Tod entgegengehen müssen. „Mich dürstet." Dieses Wort Jesu lässt auch daran denken, dass Jesus den Kreuzestod auf sich genommen hat, um die Menschen zu erlösen. Ihn dürstet nicht allein nach einem Schluck Wasser, ihn dürstet danach, den Willen Gottes zu erfüllen, ihn dürstet nach dem Heil der Seelen. Er möchte, dass jeder Mensch gerettet wird und das ewige Heil erlangt.

Mutter Teresa hat diese doppelte Bedeutung des Wortes Jesu am Kreuz „Mich dürstet" erfasst, denn sie verweilte jeden Morgen, und das ist auch ein Vermächtnis an ihre Mitschwestern, eine Stunde vor dem Allerheiligsten. Das Wort „Sitio" – „Mich dürstet" über dem Eingang zur Hauskapelle von Kalkutta steht inzwischen über allen Kapellentüren der „Missionaries of Charity", der „Missionarinnen der Nächstenliebe". Die Schwestern möchten nicht nur für das leibliche Wohl der Todkranken sorgen, sondern ihnen auch helfen das ewige Heil zu erlangen. Dafür beten sie.

Jesus preist jene selig, die hungern und dürsten nach der Gerechtigkeit. Mit Gerechtigkeit ist Vollkommenheit, Heiligkeit gemeint. Das ist ein seelischer Hunger, ein seelischer Durst, und den kann nur Jesus stillen. Der Weg zur Vollkommenheit aber führt über die Liebe zu Gott und zum anderen, das hat Jesus uns vorgelebt. Am Kreuz hat er diese Liebe unter Beweis gestellt, denn niemand hat eine gößere Liebe, als wer sein Leben hingibt für seine Freunde.

Es ist vollbracht

Ein Wort der Vollendung

Der Kreuzestod ist ein langsamer, qualvoller Tod. Hinrichtungen ziehen immer Interesse auf sich. Während die Angehörigen und Freunde das qualvolle Sterben voller Mitleid erleben, weiden sich andere an den Qualen der Sterbenden. Sie geben ihre gehässigen Kommentare und lassen ihrem Spott freien Lauf. Während Maria das Leiden und Sterben Jesu mit allen Fasern ihres Herzens mitdurchlebt. Während Johannes und Maria Magdalena sowie die anderen Frauen vor Schmerz verstummt sind, wollen sich Mitglieder des Hohen Rates, Schriftgelehrte und Pharisäer davon überzeugen, dass Jesus das schreckliche Ende findet, das sie ihm immer gewünscht haben. Ihnen verschlägt es nicht die Sprache, als sie Jesus zwischen zwei Schwerverbrechern am Kreuz hängen sehen. Sie spotten: „Steig doch herab vom Kreuz, wenn du der Sohn Gottes bist. Anderen hat er geholfen, jetzt soll er sich selbst helfen. Er soll vom Kreuz herabsteigen, dann werden wir an ihn glauben" (Mt 27,40–42).

Der ganze Hass, den sie auf Jesus haben, wird hier nochmals spürbar. Voll Neid haben sie hören müssen, dieser Jesus spricht mit Macht und mit großer Überzeugungskraft. Er spricht nicht so wie die Schriftgelehrten. Es machte sie eifersüchtig, als sie von immer neuen Krankenheilungen hörten. Tausende hat Jesus gespeist. Die Leute hätten ihn zum König gemacht, er hätte nur den kleinen Finger rühren müssen. Jesus ging es aber nicht um Macht, sondern um den Glauben. Alle Wunder, die er wirkte, alle Worte, die er sprach, brachten nur wenige zum Glauben, dass er der Messias, dass er der Sohn Gottes ist.

Das war seine Sendung, die Menschen zum Glauben an Gott zu führen und ihnen den Weg zum Himmel zu öffnen. Der Tod am Kreuz gehört zu seiner Sendung. Hier vollendet sich der Weg, der im Kämmerlein von Nazareth seinen Anfang nahm, im Stall von Bethlehem das Licht der Welt erblickte, nach Jahren der Stille am Jordan seine öffentliche Tätigkeit aufnahm und nun am Kreuz seine Vollendung erfährt. „Es ist vollbracht" (Joh 19,30), sagt Jesus. Die Sendung ist an ihr Ziel gelangt. Vollbracht ist das Werk der Erlösung. Mit seinem Tod hat Jesus die Macht des Satans endgültig gebrochen. Die Verheißung Gottes an Adam und Eva, als er zur Schlange sprach, hat sich erfüllt: „Feindschaft will ich setzen zwischen dir und der Frau, zwischen deinem Spross und ihrem Spross. Er wird dir den Kopf zertreten und du wirst nach seiner Ferse schnappen" (Gen 3,15).

Diesen Zusammenhang stellen viele Kreuzigungsdarstellungen her, wenn sie an den Fuß des Kreuzes den Totenkopf malen. Es ist der Kopf Adams. Die Schuld Adams hat ihren Erlöser gefunden. „Es ist vollbracht." Das Werk der Erlösung ist vollendet. Das Tor zum Himmel wird in dieser Stunde aufgestoßen. Die Gerechten des Alten Bundes haben jahrhundertelang darauf warten müssen, dass sie in den Himmel dürfen. „Es ist vollbracht." Die Geburt eines neuen Menschen erfolgt in dieser Stunde. Der erlöste Mensch, der berufen ist zu ewigem Leben, ist geboren. In jeder Taufe geschieht von neuem dieses Wunder.

Vater, in deine Hände

Ein Wort der Hingabe

Die ganze Dramatik des Kreuzestodes Jesu schildert der Evangelist Lukas. „Die Sonne verdunkelte sich. Der Vorhang im Tempel riss mitten durch, und Jesus rief: ‚Vater in deine Hände lege ich meinen Geist' (Lk 23,45–46). Nach diesen Worten starb er". Die Schöpfung bleibt nicht teilnahmslos, wenn der Herr über die Natur hingemordet wird. Wie oft hat sich Jesus als Herr der Natur erwiesen: bei der Hochzeit zu Kana, beim Sturm auf dem See, bei der wunderbaren Brotvermehrung, bei Krankenheilungen und Totenerweckungen. Die Sonne, die aufgeht über Gerechte und Ungerechte, trauert um den einzig Gerechten, der über diese Erde ging.

Während Jesus draußen vor den Toren Jerusalems auf Golgotha stirbt, zerreißt der Vorhang, der das Allerheiligste vom Heiligen trennt. Diesen Vorhang darf selbst der Hohepriester nur ein Mal im Jahr, am Versöhnungstag durchschreiten, um hier für die Sünden des Volkes um Verzeihung zu bitten. Wenn der Vorhang im Tempel zerreißt, dann bedeutet dies, dass Jesus den Vorhang als der wahre und ewige Hohepriester durchschreitet, um

Sühne zu leisten nicht nur für die Sünden des Volkes, sondern für die Sünden aller Menschen. Die Tage des Tempels sind gezählt. Wenige Jahre später wird er für immer zerstört und nicht mehr aufgebaut. Das Amt des Hohenpriesters ist damit erloschen, aber es ist bereits am Karfreitag auf Jesus übergegangen.

Das allerletzte Wort geht an den Vater. Seinen Willen wollte er erfüllen und hat deshalb den bitteren Kelch des Leidens bis zur Neige getrunken. Der Geist Gottes, der in der Stunde der Verkündigung an Maria im Kämmerlein zu Nazareth die Menschwerdung des Sohnes Gottes bewirkt hat, und beim öffentlichen Auftreten Jesu am Jordan sich bestätigend auf ihn senkte, der Geist Gottes, in dessen Gegenwart Jesus wirkte, wird nun an den Vater zurückgegeben. Schon bald, nämlich nach der Auferstehung Jesu, wird der Geist den Aposteln geschenkt. Sie erhalten am Abend des Ostertages die Vollmacht der Sündenvergebung. Da heißt es: „Er hauchte sie an und sprach: Empfanget den Heiligen Geist. Welchen ihr die Sünden nachlasst, denen sind sie nachgelassen. Welchen ihr sie behaltet, denen sind sie behalten" (Joh 20,22–23). Die Fülle des Geistes aber senkt sich auf die im Abendmahlsaal Versammelten am Pfingstfest herab. Sie werden befähigt, Zeugnis für Christus abzulegen. Sie werden Kranke heilen und Menschen von ihrer Besessenheit befreien. Sie werden vor den Mächtigen stehen und schließlich die Kraft haben, das Martyrium zu erleiden. In Taufe, Firmung und Priesterweihe werden sie den Geist Gottes weitergeben.

Jesus gibt in seiner Todesstunde den Geist in die Hände des Vaters, damit der Geist dann an alle weitergeschenkt werden kann, die an Christus glauben. Johannes der Täufer hat es prophetisch vorausgesagt: „Ich taufe euch mit Wasser, nach mir wird einer kommen, ... der tauft mit Feuer und der Heiligen Geist" (Mt 3,11). Dies ereignet sich an Pfingsten. Der Tod Jesu bedeutet also nicht das Ende, es ist der Beginn von etwas Neuem. Jesus stiftet hier seine Kirche und seine Sakramente. Jesus geht heim zum Vater und erfüllt seine Verheißung;: „Seht, ich bin bei euch alle Tage bis zum Ende der Welt" (Mt 28,20). Sooft wir die heilige Messe feiern, stehen wir unter dem Kreuz und schauen auf zum Gekreuzigten, der uns das ewige Leben mit seinem Tod erkauft hat.